IQUIS PAL LI
DUS ET QUI SEDE
BAT SUPER EUM
NOMEN ILLI MORS
ET INFERNUS
SEQUEBAT EUM.

TERCIU
ANIMAL

IOHANNIS

UNUM DE ANIMA LIBI DICIT IOHANNI
UINI ET UIDI

DRACO TRAXIT
TERTIA PARTE
STELLARUM

A nne Brenon
est archiviste
paléographe, diplômée
de l'Ecole des Chartes
et de l'Ecole des
Hautes Etudes, section
Sciences religieuses.
Depuis 1982, elle est
le Conservateur du
Centre national
d'études cathares
René-Nelli, dans le
cadre duquel elle
s'attache plus
particulièrement à
l'étude des sources
de l'hérésiologie
médiévale. Auteur de
nombreux ouvrages sur
le catharisme et
d'articles dans les
revues spécialisées,
elle est également
secrétaire de rédaction
de la revue *Heresis* et
chargée de cours en
histoire médiévale à
l'Université de
Montpellier depuis
1993.

*1er dépôt légal : mai 1997
Dépôt légal : septembre 1997
Numéro d'édition : 84165
ISBN : 2-07-053403-0
Imprimerie Kapp Lahure
Jombart à Évreux*

LES CATHARES

PAUVRES DU CHRIST OU APÔTRES DE SATAN?

Anne Brenon

DÉCOUVERTES GALLIMARD
RELIGIONS

D'où vient le catharisme ? probablement de moins loin qu'on se le figurait : ni de Perse, ni d'antiques religions à mystères, mais simplement du cœur même de la chrétienté romane. L'an mil voit en effet se lever un grand vent d'Apocalypse qui remet à l'ordre du jour les idéaux de l'Evangile, tandis que les moines théorisent sur le diable et le bon Dieu.

CHAPITRE PREMIER
LA CHRÉTIENTÉ DE L'AN MIL

Le peuple chrétien de l'an mil vit dans la montée des violences féodales, dans les exactions de ses chefferies de cavaliers pas encore normalisés par l'Eglise en chevaliers chrétiens : actualisation des prophéties de l'Apocalypse et image possible du diable.

Le retour de l'hérétique

C'est en l'an mil que s'ouvrent les livres. Scribes, ecclésiastiques et chroniqueurs d'abbayes retrouvent le mot et la figure oubliés de l'hérétique, l'insèrent parmi le cortège qu'ils consignent des maux et signes avant-coureurs de la fin des temps. L'hérétique, sorcier et agent du mal, est ainsi à inscrire au nombre des terreurs, peut-être illusoires, de l'an mil. La dénonciation de l'hérétique avait pourtant disparu depuis l'Antiquité tardive des usages de l'Occident christianisé. Le catholicisme, devenu par choix de l'empereur religion de l'Empire romain, avait achevé de se définir en codifiant et en excluant. Aux conciles de Nicée (325) et de Constantinople (381), les dogmes d'une

Ce fut l'empereur Constantin, converti au christianisme, qui eut l'initiative du concile de Nicée de 325, afin de définir et codifier ce qui devait être la religion unique et officielle de l'empereur et de l'empire, à l'exclusion de toute tendance divergente. A gauche, miniature du canon des conciles du XIᵉ siècle.

La théorie des deux glaives : le temporel confié à l'empereur et le spirituel détenu par le pape, est à l'origine de la véritable théocratie chrétienne qui culmina au Moyen Age, jusqu'à son avatar moderne de «l'alliance du sabre et du goupillon». Ci-contre, représentation dans un manuscrit du XIIIe siècle du décret de Gratien, base du droit médiéval.

orthodoxie avaient été élaborés et proclamés contre toutes les autres tendances d'interprétation des Ecritures chrétiennes. Contre les grands hérésiarques – Marcion, Manès ou Arius – les Pères de l'Eglise faisaient désormais poids, et les institutions impériales dotaient l'Eglise du pouvoir matériel d'interdire et d'exclure.

Le dernier personnage religieux exécuté pour hérésie avait été Priscillien, l'ascétique évêque d'Avila, condamné et décapité en 384. Puis, en Occident, l'ordre carolingien avait consacré son militantisme chrétien à la conversion forcée des païens derrière les conquêtes de Charlemagne. Les évêques comme les comtes étaient, sur le territoire de l'Empire franc, les agents de ce pouvoir à la fois politique et religieux, premier essai d'une théocratie chrétienne, inspirée du modèle des Rois de l'Ancien Testament. Lorsque rarement une voix, comme celle du moine saxon Gottschalk (milieu du IXe siècle), soulevait une controverse théologique – en l'occurrence à propos de la prédestination –,

Ce fut essentiellement contre les interprétations d'Arius et de Manès, condamnés comme hérétiques, que conciles et Pères de l'Église (page de gauche en bas saint Ambroise) posèrent les bases du dogme catholique.

Concordia discordantiam canonu ac primi decretenatur restitutu

le minoritaire se voyait simplement consigné au silence dans un monastère lointain.

La fin du Xe siècle voit la décomposition de l'Empire carolingien, la parcellisation et la privatisation du pouvoir politique, aux mains des anciens grands fonctionnaires, ducs, comtes et marquis devenus héréditaires, que le petit roi des Francs – Hugues Capet depuis 987 – ne peut guère prétendre dominer réellement. La seule stabilité est religieuse, enclose dans les abbayes de l'ordre bénédictin réformé de Cluny. Moines copistes et chroniqueurs y composent leurs grandes histoires du monde, dans la main de Dieu, depuis ses origines jusqu'aux jours présents. Aux jours présents, les détails abondent. Parmi les grêles, les incendies et les comètes, voici les faux prophètes qu'annonçait l'Apocalypse, précurseurs de l'antéchrist et de cette fin des temps qu'on attend pour l'an mil ou pour 1033.

Vers la fin de l'an mil, un paysan champenois, convaincu de manichéisme (c'est-à-dire d'hérésie au sens large, selon la terminologie médiévale) par l'évêque de Châlons, parce qu'il brisait les croix et prêchait la chasteté, se suicide de honte et de désespoir. En 1022, une douzaine des chanoines les plus religieux de la cathédrale d'Orléans sont brûlés vifs, pour hérésie, sur ordre du capétien Robert le Pieux. C'est le premier bûcher du Moyen Age chrétien. A Toulouse, en Aquitaine, en Piémont, d'autres bûchers s'allument aussitôt.

Les moines, copistes ou rédacteurs (à gauche), travaillaient inlassablement dans leurs ateliers d'écriture : ce sont leurs chroniques qui nous révèlent l'existence d'hérétiques en Europe autour de l'an mil.

L'an mil du blanc manteau d'églises

Et pourtant l'an mil est aussi un printemps, le temps d'un renouveau de paix, de prospérité, de spiritualité évangélique. Le moine clunisien Raoul Glaber, celui-là même qui relate en ses *Histoires* les extravagantes et dramatiques aventures du paysan Leutard ou des chanoines d'Orléans, emploie pour décrire cette aube du second millénaire la belle image d'un temps où les campagnes de l'Occident se couvraient d'un blanc manteau d'églises.

Il est en tout cas indéniable que la conjonction de facteurs favorables multiples – d'un adoucissement du climat à la paix relative succédant aux grandes invasions – détermine sur l'Europe une période de mieux-vivre et d'épanouissement démographique.

La gueule de l'enfer, ici représentée dans un manuscrit de l'Apocalypse du XIIIe siècle, omniprésente dans la statuaire romane, symbolise l'angoisse du Jugement dernier et de la damnation éternelle dont le peuple chrétien médiéval était la proie depuis que les «Terreurs de l'an mil» avaient réactualisé les thèmes de la fin des temps et des signes annonciateurs du retour du Christ en ultime justicier des vivants et des morts. Cette angoisse fut à l'origine de bien des remous et contestations évangéliques, voire de l'hérésie elle-même. La menace du châtiment éternel, que brandissait l'Eglise, fut en effet réfutée avec une particulière vigueur par les cathares, au nom de la toute bonté et de l'infinie capacité de pardon de Dieu le Père. Ils devaient dénoncer dans l'enfer éternel une simple invention des clercs destinée à intimider leurs ouailles.

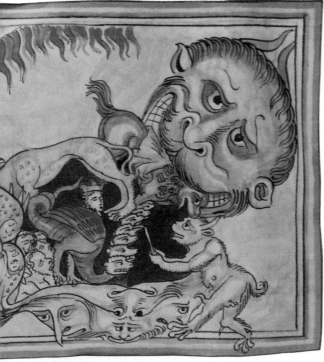

Les villages se fixent, les terroirs s'organisent autour des châteaux et des églises, les forêts se défrichent autour des monastères tandis que les techniques agricoles se développent et que la terre rend de plus abondantes récoltes. Jusqu'au XIIIᵉ siècle, les grandes famines des temps carolingiens seront oubliées. Désormais, le peuple chrétien peut se tourner vers d'autres préoccupations que sa survie immédiate. Tandis que l'ordre prédateur de la féodalité commence à mettre

les campagnes en coupe systématique, paradoxalement, les populations s'ouvrent au répit de Dieu et à l'espoir du salut.

Il faut dire qu'elles sont soutenues par l'Eglise, dans un vaste mouvement de résistance aux violences et exactions des sires, ces chefferies de militaires à cheval qui font régner la terreur du haut des buttes où ils installent leurs tours de bois entourées de pieux et de palissades. Ce mouvement de la Paix de Dieu, qui se développe depuis le dernier tiers du Xᵉ siècle, unira la paysannerie et les prélats, sous le saint patronage de statues et de reliques, durant toute la période de l'an mil avant d'être récupéré, dans les premières décennies du XIe siècle, par les grands princes. Il contribuera, autant que l'échéance imaginaire de l'an mil, à remettre l'Evangile au centre des espérances.

C'est en effet dans ce contexte de violence et de grâce qu'émerge au-dessus des mêlées un appétit neuf de religiosité, ouvert sur une redécouverte du message du Nouveau Testament, de l'idéal de l'Eglise chrétienne primitive et de la promesse du salut. C'est visiblement de la recherche spirituelle passionnée au sein du peuple chrétien – et de ses bergers – que monte la figure ambiguë de l'hérétique, qu'elle soit le fruit à peu près imaginaire d'une invective des moines qui se sentent concurrencés par plus religieux qu'eux-mêmes, ou simple paroxysme dans les mouvements évangéliques charismatiques du temps.

La statue ou *majesté* de sainte Foy de Conques (ci-dessus), promenée comme tant d'autres en solennelles processions pour l'édification du peuple chrétien, se vengeait de façon exemplaire des railleries anticléricales dont elle était l'objet. C'est du moins ce que rapporte le *Livre des miracles* (XIe siècle) qui informe ainsi sur l'existence d'un courant critique populaire à cette période.

Les moines, bénédictins puis cisterciens, furent de grands défricheurs de forêts (page de gauche) et contribuèrent à l'essor économique et démographique qui devait marquer le XIe siècle, favorisant l'implantation de villages sur les terroirs nouvellement gagnés.

Les faux prophètes de l'Apocalypse

Un anticléricalisme populaire existe indéniablement.
Alors que l'ordre de Cluny confisque au profit de ses
moines toutes les promesses du royaume de Dieu,
dans la lumière bien close des abbayes, l'or,
l'encens et les chants angéliques, qu'on tente
de drainer les piétés populaires dans le culte bien
concret des reliques et des statues miraculeuses, des
voix de contestation élèvent leur chahut au nom du
bon sens comme de la pureté des temps
apostoliques de l'Eglise. On raille et on
réclame. Autour des grandes assemblées de
la Paix de Dieu, l'historien devine l'existence
de communautés d'hommes et de femmes,
laïcs et religieux mêlés, unis dans
leur volonté de se conformer au
seul modèle des apôtres et à la
seule loi de l'Evangile, ce qui les
conduit à rejeter les excroissances

Monastères et prieurés clunisiens (ci-dessous) représentaient des enclos de lumière céleste, préfigurant le paradis dont participaient déjà les moines. Dans les ténèbres extérieures : sorcières (ci-dessus et ci-contre) et agents du diable.

postérieures de l'institution Eglise, ses sacrements non fondés en Ecritures comme ses pratiques superstitieuses, le laisser-aller des mœurs de son clergé paroissial comme les prétentions temporelles de ses prélats.

Les textes des gens d'Eglise, moines chroniqueurs pour la plupart, parlent de sorciers, adeptes luxurieux d'orgies nocturnes et criminels incestueux, de dérisoires impies dont se vengent les statues des saints dont ils s'étaient raillés, de paysans illettrés et de vieilles femmes douteuses, mais aussi de plus redoutables agents du mal, c'est-à-dire de manichéens, de ministres hérétiques du diable, ou d'apôtres de Satan – ce qui laisse supposer une contestation théologiquement plus savante et des contestataires de meilleure tenue. L'interprétation des chroniqueurs et des autorités religieuses est simple : ce sont là les faux docteurs de l'Ecriture, les faux prophètes annonciateurs de l'antéchrist dont l'Apocalypse prédit l'imminence.

Les textes de dénonciation se recoupent et se complètent. Les dissidents rejettent le culte superstitieux des reliques, des statues, des croix, prêchent chasteté et pauvreté absolues; ils s'élèvent contre la pratique du baptême des petits enfants non encore doués de raison. Mais les arguments théologiques se précisent. L'hérésie, puisque hérésie il y a, est manifestement savante autant et plus que populaire.

Le premier bûcher d'hérétiques

Les hérétiques jugés en 1025 à Arras par la cour de justice épiscopale de Gérard de Cambrai réclamaient fonder leurs pratiques religieuses sur la seule autorité du Christ et des apôtres – excluant par là l'Ancien Testament; ils réfutaient le

Des textes contemporains précisent eux aussi qu'en de secrètes assemblées de manichéens, des paysans du diocèse de Châlons «prétendaient mensongèrement donner le Saint Esprit par une sacrilège imposition de leurs mains». Et Raoul Glaber lui-même rapporte encore, en sa chronique, que la communauté hérétique démasquée vers 1025 au château de Monforte en Piémont par l'archevêque de Turin – avant d'être brûlée en masse – avait à sa tête une femme, laquelle imposait les mains aux mourants, entourée «d'une bande de diables vêtus de noirs» – ce qui évoque puissamment les religieux cathares noir-vêtus du siècle suivant.

Ils disent que «le Christ n'est pas né de la Vierge, qu'il n'a pas souffert pour les hommes, qu'il n'est pas mort, qu'il n'a pas vraiment été mis au tombeau et qu'il n'est pas ressuscité […]. Qu'il n'y a pas de sacrement du corps et du sang du Christ dans la consécration du prêtre» (*Notice sur les chanoines d'Orléans*, vers 1050).

baptême dans l'eau et niaient la transsubstantiation dans l'eucharistie. Les hérétiques dénoncés par Adémar de Chabannes, moine d'Angoulême, pour s'être répandus dans toute l'Aquitaine dès 1017 ou 1018, jeûnaient comme des moines, refusaient toute nourriture carnée et vivaient dans la chasteté ; ils refusaient d'adorer la croix dans laquelle ils ne voyaient qu'un instrument de supplice.

Les hérétiques dénoncés en Périgord, dans les mêmes années, par un moine du nom d'Erbert, pratiquaient en outre, en lieu et place d'eucharistie, une simple bénédiction du pain, niant ainsi toute valeur au sacrement de l'autel. Eux aussi se faisaient remarquer par leur végétarisme et leur ascétisme absolus, ainsi que par leurs prières démonstratives – des génuflexions par centaines et, probablement, des récitations du Pater complétées de la doxologie grecque : «Car à Toi appartiennent le règne, la puissance et la gloire, dans les siècles des siècles, amen.»

En 1022, le premier bûcher attesté de l'histoire chrétienne faisait disparaître douze chanoines de la ville royale d'Orléans, dont le propre confesseur de la reine. Si les chroniqueurs – Raoul comme Adémar – ne les accusent que de sorcellerie et diverses dépravations, un document du milieu du XIe siècle est plus explicite : les trop pieux chanoines, grands clercs de haute culture, déniaient toute valeur à l'eucharistie parce qu'ils niaient la personne humaine

du Christ – pour eux vrai Dieu mais simple apparence d'homme. Point d'eucharistie, point de transformation magique du pain et du vin, sans corps et sang humains du Christ.

Cette accusation précise pouvait effectivement permettre à l'Eglise de mettre les modernes dissidences qu'elle dénonçait au rang des grandes hérésies des premiers siècles chrétiens, qui portaient essentiellement sur la nature du Christ. C'est aussi l'exacte formulation du docétisme cathare des textes du XIIIᵉ siècle. Mais il y a plus précis encore; le même document indique en quels termes les chanoines condamnés éclairaient l'unique sacrement qu'ils pratiquaient : «le salut, par l'imposition des mains, qui lave de tout péché

La pratique de l'imposition des mains est largement attestée dans le

Nouveau Testament puis dans les premiers siècles chrétiens. Les hérétiques médiévaux, protocathares et cathares, rattachaient ainsi leur geste sacramentel à la tradition apostolique, affirmant que le baptême par l'esprit et l'imposition des mains était le seul sacrement fondé en Ecritures, à la différence des sept sacrements inventés par l'Eglise catholique, de l'eucharistie au baptême par l'eau seule (ci-contre, saint Paul baptisant).

et remplit du don du Saint-Esprit.» C'est exactement la définition du *consolament* cathare, tel qu'il sera explicite au XIIᵉ siècle.

L'archange et le dragon : aux racines d'un dualisme chrétien

On est frappé de constater à quel point l'ensemble des traits distinctifs qui nous permettront de caractériser le catharisme au travers des documents riches et nombreux des XIIᵉ et XIIIᵉ siècles est déjà présent dans les textes qui dénoncent, peu après l'an mil, les premiers hérétiques de la chrétienté occidentale. En marge des structures de la grande Eglise, ces «protocathares» apparaissent comme des communautés mixtes de chrétiens exigeants et critiques qui, se réclamant du modèle des apôtres et de la loi de l'Evangile, en tirent un propos de vie ascétique et un rejet de l'Ancien Testament.

Le thème de la chute des anges, véhiculé par les multiples copies du commentaire de l'Apocalypse par Beatus, connut un succès considérable aux Xᵉ et XIᵉ siècles. La queue du dragon vaincu entraîne avec lui dans sa chute le tiers des étoiles du ciel (ci-dessus). Tous les chrétiens du temps – et pas seulement les hérétiques – sont spirituellement nourris de ce mythe.

Ces chrétiens exigeants contestent aussi l'humanité du Christ et donc le sacrement de l'eucharistie, qui est au centre des pratiques catholiques, et ils concurrencent la grande Eglise en célébrant un sacrement de salut qui délie les péchés par l'imposition des mains et l'Esprit saint.

Faut-il voir dans ces pratiques précises un héritage d'antiques dissidences, importées dans l'Occident chrétien par d'extérieurs missionnaires venus d'un Orient douteux? Plus simplement, elles semblent être le fruit ultime de l'intense travail en recherche de littéralité évangélique qui brassait alors les consciences religieuses, des chapitres cathédraux jusqu'au fond des monastères clunisiens, des assemblées de paix en plein champs jusqu'au ferment des contestations populaires les plus crues. Il suffisait de se reporter dans la Bible au récit des Actes pour lire que les apôtres que l'on cherchait à imiter, en cette primitive Eglise dont on voulait retrouver les valeurs, baptisaient en imposant les mains, que Paul lui-même brisait les statues et dénonçait la superstition des «idoles des nations»...

Point besoin d'imaginer une invasion de manichéens orientaux à travers l'Europe. Le terme de manichéen lui-même, sous la plume des chroniqueurs, était simple synonyme d'hérétique.

Rationnels en plein Moyen Age, les hérétiques rejettent les «superstitions» de la grande Eglise, comme le culte des statues des saints, assimilées à ces idoles que détruisaient les premiers chrétiens (ci-dessus). Dans la même perspective, ils interprètent la dernière Cène (au centre) comme bénédiction et partage du «pain de la parole divine» par le Christ à ses disciples – sans admettre par ailleurs la magie d'une transsubstantiation.

Et pourtant, fait remarquer Georges Duby, «manichéen, le XIᵉ siècle l'est tout entier, spontanément». Il l'est dans l'actualisation dramatique des prophéties de l'Apocalypse, qui rend vigueur au thème du grand combat entre l'archange saint Michel et les légions du dragon, l'antique serpent, sous les murs de la Jérusalem céleste, tout en présentant le monde terrestre de la fin des temps comme partagé entre peuple de justes et suppôts du diable.

Le combat de l'archange, défenseur de la cité céleste contre l'assaut du dragon ou de la bête de l'Apocalypse, nourrit l'ample imagerie romane de l'antagonisme entre les célestes créatures et les forces du mal, à la racine du dualisme chrétien.

Manichéens par choix intellectuel, les moines clunisiens qui brodent sur ce thème du monde déchiré par le combat sans merci entre les champions de Dieu qu'ils proclament représenter et les agents du mal et de l'antéchrist que sont leurs adversaires, ces cohortes de l'ennemi, ces apôtres de Satan, ces ministres hérétiques du diable. Manichéens par résignation, les paysans du peuple chrétien de base, qui voient leur quotidien déchiré par les violences des bandes armées, alors que peu à peu le droit féodal du plus fort impose aux campagnes la hiérarchisation divinisée de l'ordre seigneurial.

Les *scriptoria* des abbayes recopient et enluminent les manuscrits des commentaires sur l'Apocalypse – comme celui de Beatus, abbé de LLebana – des peintures sombres et fortes du combat de l'archange et du dragon; tandis que les moines chantent dans la lumière d'un paradis interdit aux humbles.

Le dragon, l'«antique serpent» de l'Apocalypse, ennemi de Dieu et de sa cité céleste, fut assimilé au serpent tentateur d'Eve de la Genèse. Enrichi du mythe de Lucifer, réinterprété par le Père grec Origène et ses disciples occidentaux, l'ensemble donna corps au personnage du diable, qui apparut vers l'an mil pour connaître le succès qu'on sait dans l'imaginaire chrétien médiéval et même moderne. Ci-contre, anges et diables se disputent autour de saint Augustin, dont la «Cité de Dieu» préfigure le rêve médiéval de la Jérusalem celeste. Il n'est pas indifférent de rappeler ici qu'au IVe siècle, Augustin (ci-contre) fut d'abord manichéen avant de se convertir au christianisme et de consacrer sa plume de Père de l'Eglise à la réfutation de son ancienne foi... avec des arguments parfois bien dualistes.

Les deux Eglises

Dans la seconde moitié
du XIᵉ siècle, alors que
les documents se taisent
pour quelques décennies
sur toute manifestation
d'hérésie en Occident,
la papauté entreprend la
réforme grégorienne
(du nom du pape
Grégoire VII), qui la libère
de la tutelle impériale
germanique et, dans l'idéal
revendiqué des valeurs de l'Eglise primitive, reprend
en mains clergés régulier et séculier. Les pulsions
évangéliques sont drainées par des ermites
prédicateurs, qui fondent de nouveaux ordres

Le pape Grégoire VII
(ci-contre) lia son
nom au vaste chantier
de la réforme
grégorienne qui, durant
toute la seconde moitié
du XIᵉ siècle, s'attacha
à réorienter
spirituellement l'Eglise
et à restructurer sa
discipline intérieure.
Les sacrements du
mariage et de la
pénitence, qui avaient
reçus à l'époque
carolingienne une
première définition,
y furent définitivement
élaborés.

religieux – ainsi Robert de Molesmes crée l'ordre de Cîteaux en 1100. Une voie de salut chrétien s'entrouvre pour les laïcs, et même les femmes, dans une vie matrimoniale régulée par le sacrement tout neuf du mariage. Dans le même temps, l'Eglise réformatrice renforce l'idéologie manichéenne du temps, théorisant sur le droit du juste – le chevalier chrétien – à employer sans pécher la force contre les ennemis de Dieu et de la foi. Dès la fin du siècle, aux côtés de l'hérétique de l'an mil, sera désigné et dénoncé l'infidèle – le Mahométan d'Espagne et de Terre sainte – comme celui que l'on a le droit de tuer sans manquer aux préceptes de l'Evangile. Et la guerre sainte, la croisade, est prêchée et lancée contre lui au cri de «Dieu le veut».

Quant à la chrétienté, l'idéologie grégorienne militante la dessine déchirée entre deux Eglises : la vraie, l'Eglise du trône de saint Pierre, l'Eglise catholique et romaine, et contre elle la fausse et perfide Eglise de l'antéchrist et de l'ennemi, mêlant infidèles et hérétiques. Celle que le diable suscite et qu'il est juste et licite de chercher à supprimer, au nom de Dieu. Ce sera la fonction du chevalier chrétien avant d'être celle de l'inquisiteur.

L'idéal de la guerre sainte – de la croisade – est un aboutissement du militantisme grégorien. Les chevaliers croisés attaquant les sarrasins (page de gauche) se veulent la représentation du chevalier blanc de l'Apocalypse guerroyant contre Satan (ci-dessous) : un manichéisme au sens moderne du terme est né, opposant forces du Bien et forces du Mal, sans autre référence à l'antique hérésiarque Manès.

Diffuse au XIᵉ siècle, l'hérésie éclate au grand jour au XIIᵉ siècle : c'est une contre-Eglise organisée, avec son clergé mixte et ses évêques. Derrière les appellations variées dont leurs adversaires les qualifient, se cachent des religieux austères, lisant le Nouveau Testament et pratiquant le rite archéochrétien du baptême par imposition des mains.

CHAPITRE II
LES ÉGLISES CATHARES EUROPÉENNES

Les bogomiles de la chrétienté grecque sont attestés une trentaine d'années avant les hérétiques occidentaux. En Bosnie et en Bulgarie, un certain nombre de monuments d'art populaire médiéval leur sont attribués (à droite), souvent de manière invérifiable. On connaît pourtant à Sarajevo la stèle d'un dignitaire bosniaque avérée, le Gost Milutin.

Les bogomiles de l'Empire byzantin

La chrétienté latine et la chrétienté grecque devaient se déchirer au milieu du XIᵉ siècle, pour d'obscures raisons de théologie trinitaire, entre Eglise catholique de la papauté romaine et Eglise orthodoxe reconnaissant la seule autorité du patriarche de Constantinople. De fait, l'attitude de l'Eglise grecque en face du phénomène hérétique allait accuser ses divergences d'avec le catholicisme romain. Si les autorités religieuses orthodoxes dénoncèrent l'hérésie des mêmes invectives verbales que l'Eglise romaine, elles ne glissèrent pourtant jamais, comme cette dernière, jusqu'à la répression physique des déviants. Les quelques bûchers que connut la chrétienté orientale furent le fait des seules autorités impériales byzantines.

Dès le milieu du Xᵉ siècle, soit quelques décennies à peine avant les manichéens et sorciers occidentaux, des hérétiques du même type apparaissent dans les sources grecques et slaves : vers 970, le prêtre bulgare Cosmas

Le schisme de 1054, concrétisé avec l'excommunication du patriarche de Constantinople, Michel Cérulaire, par le pape Léon IX (au centre), consacrait un état de fait. Culture, langue, destins politiques, attitude religieuse, tout séparait les deux ailes de la chrétienté, la grecque et la latine. Les bogomiles et phoundagiates, version grecque des cathares latins, s'inscrivaient dans la tradition des moines basiliens et, pas plus que leurs frères cathares, ne manifestaient une filiation extérieure à la culture chrétienne.

consacre un traité sans complaisance aux multiples aberrations théologiques et perversités de comportement de ceux qu'il nomme les «bogomiles», du nom de leur hérésiarque le pope Bogomil – ce qui n'est que la version slave du nom grec Théophile («aimé de Dieu»). Répandus dans tout le royaume bulgare et portant vêture religieuse, ces bogomiles – mais eux-mêmes ne se donnent d'autre nom que simplement chrétiens – séduisent, dit Cosmas, les âmes faibles, en feignant la plus démonstrative piété et le propos de vie le plus ascétique. Ils raillent les pratiques superstitieuses de la grande Eglise, son culte des images, des croix et des reliques, sa crédulité aux miracles; dénient toute valeur à ses sacrements, prétendant remettre eux mêmes les péchés – et même parmi eux les femmes, fait remarquer Cosmas, ce qui est bien sûr digne de risée.

En fait, ces hérétiques ont peut-être franchi un pas supplémentaire par rapport à leurs collègues occidentaux puisque, opposant comme eux le Nouveau Testament à l'Ancien, ils apparaissent prêcher une lecture explicitement dualiste des Saintes Ecritures. Les bogomiles attribuent ainsi la création de ce bas monde empreint de mal, non pas à Dieu le Père, mais à l'un de ses anges en révolte, Lucifer. D'autres jalons documentaires nous montrent, dans le courant du XIe siècle, les religieux bogomiles présents au sein des monastères urbains de Constantinople aussi bien que dans les vastes espaces de l'Asie Mineure byzantine. Là, sous le nom de «phoundagiates», qui désigne des moines vagants porteurs de besace, ils évangélisent à leur foi les

Les documents byzantins du XIe siècle concernant l'hérésie sont bien plus riches et précis que les textes occidentaux contemporains; Les bogomiles s'y révèlent d'apparence très semblable aux hérétiques latins de l'an mil. Austères religieux aux pratiques de piété voyantes mais à l'esprit critique acerbe, ils sont organisés en communautés chrétiennes mixtes et prétendent constituer l'Eglise véritable; ils pratiquent, au terme de longues périodes d'enseignement théologique et de noviciat religieux, un baptême d'initiation chrétienne par imposition des mains qui délie les péchés. Mais on rapporte qu'ils

brodent sur le thème de la chute de Lucifer et sur la parabole de l'intendant infidèle (ci-dessus) pour développer une interprétation dualiste des Ecritures, qui attribue à un démiurge la création de ce monde.

populations rurales et essaiment des communautés d'hommes et de femmes. Dans la capitale de l'Empire, ils bénéficient du soutien de grandes familles de l'aristocratie.

L'un d'entre eux, haute figure impressionnante, un médecin du nom de Basile, est brûlé avec quelques-uns de ses disciples sur ordre de l'empereur Alexis Comnène, dans le grand hippodrome de Constantinople au tournant des années 1100. Pendant ce temps, l'Occident redécouvre les hérétiques, qu'il nommera bientôt, entre autres termes péjoratifs, des «cathares».

Le récit de l'exécution solennelle de l'hérésiarque Basile et de ses disciples à Constantinople est relaté dans l'*Alexiade*, chronique en vers que la princesse Anne Comnène consacra au règne de son père, l'empereur Alexis (ci-contre).

L'Occident : de patarins en Tisserands

Après une sorte de passage à vide dans les textes de la seconde moitié du XIe siècle, occupée par la réforme grégorienne, les hérétiques réapparaissent en effet en Europe occidentale, dès les toutes premières années du XIIe siècle, attestés dans l'ensemble des zones où ils s'étaient déjà manifestés vers l'an mil. Selon les régions et les auteurs qui les dénoncent, les appellations varient, mais les constantes de leur identification demeurent, bien reconnaissables. «Patarins» d'Italie du Nord, «piphles» des Flandres, «publicains» de Champagne et de Bourgogne, «Tisserands» de Languedoc partout professent les mêmes «erreurs» et manifestent les mêmes pratiques; partout ils sont pourchassés comme hérétiques, traduits devant les cours de justice épiscopales, et brûlés vifs – sur l'intervention de foules en colère et malgré la vigilance inquiète des gens d'Eglise, à ce que prennent encore soin de préciser les plumes religieuses de cette première moitié du XIIe siècle. A partir du milieu du XIIe siècle, l'Eglise n'hésitera en effet plus à prendre l'initiative de la répression et de l'élimination physique des déviants.

Les grandes rafles et les bûchers de Liège des années 1135 semblent pourtant d'autorité épiscopale et, de fait, la vaste zone de l'archevêché rhénan de Cologne apparaît avoir été particulièrement travaillée en profondeur par la contestation évangélique. En 1143, Evervin, prévôt d'un monastère de Steinfeld, envoie un signal d'alarme à Bernard de Clairvaux, la lumière de Cîteaux et la plus prestigieuse autorité religieuse de son temps – le futur saint Bernard. Cette lettre – à laquelle Bernard répondra par une série de sermons sur le Cantique – se révèle un document exceptionnel.

Au moment où les cisterciens s'affirment le fer de lance le plus aigu de l'Église militante, les hérétiques de Rhénanie apparaissent en effet

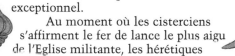

L'hérésie au XIIᵉ siècle semble toucher toutes les classes sociales, des paysans aux chanoines ; il faut dire que ses adeptes sont astreints au travail évangélique, ce qui accentue ses liens avec le monde de l'artisanat (et notamment celui des tisserands, ci-dessus). mais les hérétiques se révèlent toujours savants en Écritures et, à la différence de leurs prédécesseurs antiques (ci-contre un autodafé), ne rejettent aucun texte du Nouveau Testament. On sait que le mot hérésie, du grec, signifie choix et non erreur. On reprocha aux premiers hérétiques de choisir parmi les textes sacrés sans accepter l'ensemble.

organisés en une contre-Eglise évangélique et pauvre, l'«Eglise des Apôtres» – appellation que les autorités traduisirent par «Apôtres de Satan».

Des Apôtres aux cathares de Rhénanie

Une nouvelle grande rafle avait été opérée près de Cologne et Evervin de Steinfeld fut témoin de la séance solennelle de justice où les hérétiques ne craignirent pas de défendre leurs positions théologiques devant l'archevêque en sa cour, en utilisant à bon escient l'argument des Saintes Ecritures. Evervin, impressionné, n'hésita

Les premiers bûchers d'hérétiques du XIIe siècle emportent, vers 1120, des paysans du Soissonnais. Tout au long du siècle, de grandes vagues de répression (ci-dessous), dirigées par les autorités épiscopales, éliminent des communautés entières en Flandres, en Rhénanie et en Champagne. C'est en Rhénanie que se développe autour d'Eckbert et Elisabeth de Schönau et de la

pas à s'entretenir ensuite avec les hérétiques en leur prison, avant que la foule ne s'empare, pour les brûler, de ceux d'entre eux qui ne voulurent pas abjurer. Et le spectacle de leur mort courageuse, digne des martyrs des premiers temps chrétiens, acheva de troubler le religieux au point qu'il éprouva le besoin de s'en ouvrir à Bernard de Clairvaux.

Par Evervin nous apprenons – comme l'apprit Bernard – que ces hérétiques, qui se nomment eux-mêmes Apôtres ou «Pauvres du Christ», sont organisés en communautés mixtes sous l'autorité

grande Hildegarde de Bingen, une intense prédication de combat contre les hérétiques, introduisant les thèmes d'une hérésie assimilée à la peste ou à la lèpre, ou d'hérétiques semblables à des loups, à des chiens, des renards, des hyènes ou des chacals femelles.

d'un évêque. Comme les hérétiques de l'an mil, ils ne croient pas en l'humanité du Christ et remplacent l'eucharistie par une simple bénédiction du pain, remettant les péchés grâce à un sacrement de baptême par imposition des mains ; comme les bogomiles, ils pratiquent leur initiation chrétienne en deux étapes successives d'enseignement théologique et de noviciat, consacrées par une double cérémonie : baptême faisant du simple auditeur un croyant, puis ordination faisant de ce croyant un chrétien ou une chrétienne.

Les Apôtres rhénans conforment leur vie au modèle des apôtres du Christ, comme le faisaient les manichéens de l'an mil, et prétendent, comme les bogomiles, constituer l'Eglise véritable ; ils affirment même que cette Eglise, demeurée cachée en Grèce depuis le temps des apôtres, est désormais répandue dans tout le monde connu. L'argument qu'ils développent à destination d'Evervin éclaire l'interprétation des Ecritures qui apparaîtra dans les textes ultérieurs former le fondement de la théologie cathare. Comme les Evangiles et particulièrement la Première Epître de Jean opposent Dieu et ce monde, les Apôtres ou Pauvres du Christ opposent leur Eglise de Dieu à la mondaine Eglise romaine. La marque de leur

'art gothique rhénan reflète le militantisme d'Hildegarde. Ci dessous et à gauche, statues ornant la cathédrale de Strasbourg figurant les vertus terrassant le vice.

Contrairement à ce qu'on a longtemps prétendu, les cathares utilisaient l'ensemble du Nouveau Testament ainsi que certains livres de l'Ancien, et non le seul Evangile de Jean (ci-contre, saint Jean l'Evangéliste). Leur religiosité était pourtant à coloration johannique privilégiée. Cathares et bogomiles disaient le prologue de l'Evangile de Jean dans leur liturgie du baptême d'ordination et prêchaient leur dualisme chrétien à partir de citations comme : «Nous savons que nous sommes de Dieu et que le monde entier gît au pouvoir du mauvais» (1 Jn, 5, 19).

légitimité est la conformité apostolique de leur propos de vie, selon la parabole évangélique du bon arbre : «C'est à leurs fruits que vous les reconnaîtrez.» Pauvres et non violents, ils dénient tout caractère d'authenticité à la grande Eglise, puissante et opulente, dont les Pères se sont écartés de la voie du Christ.

L'argument des deux Eglises, utilisé depuis plus d'un siècle, de la part des autorités romaines, pour confondre les sectes d'hérétiques Apôtres de Satan, apparaît désormais retourné à leur profit par les hérétiques eux-mêmes. Mais le fondement de l'analyse reste identique : celui du germe de dualisme contenu dans les Ecritures chrétiennes, cette opposition latente entre Dieu et le monde, ce manichéisme manifesté par toute la chrétienté de l'an mil et que les bogomiles et cathares, du XIe au XIIIe siècle développeront progressivement jusqu'au bout de sa logique. Vingt ans après Evervin de Steinfeld, en 1163, à l'occasion de nouveaux bûchers, un autre religieux de Rhénanie, Eckbert de Schönau, décrivait en ses sermons des communautés hérétiques en tous points analogues. On ne lui doit que deux détails supplémentaires : une confirmation de l'interprétation dualiste des mythes de la création par ces Apôtres de Satan, et l'invention nouvelle, pour les désigner, du terme de «cathares», jeu de mots faussement érudit entre «catharistes» (secte antique de manichéens ou purs) et «chatistes» (sorciers adorateurs du chat), à partir d'une appellation populaire «cati». Bien que les intéressés, d'Asie Mineure en Aquitaine, ne se soient jamais nommés eux-mêmes que Chrétiens, Pauvres du Christ ou Apôtres, le mot cathare devait connaître un succès posthume inattendu après la publication, en 1848, de l'ouvrage de Charles Schmidt : *Histoire et doctrine de la secte des cathares.* C'est pourquoi nous pourrons nous laisser surprendre à l'employer encore malgré son manque d'historicité.

Selon les hérétiques, la Bonne Nouvelle de l'Evangile, annoncée par le Christ, renouvelait et supplantait la Loi de

Moïse, qui régissait l'Ancien Testament; ci-dessus, le Christ entre l'église et la synagogue, miniature du XVe siècle.

Les albigeois et l'entrée en lice de Bernard de Clairvaux

Quelques mois après avoir reçu la lettre d'Evervin de Steinfeld l'alarmant sur les progrès de l'hérésie au bord du Rhin, Bernard de Clairvaux prenait la tête d'une mission légatine de prélats, afin de poursuivre et confondre, jusqu'en Toulousain, son vieil ennemi le moine Henri qui prêchait aux foules méridionales un évangélisme non conforme. Mais quand il parvint, en juin 1145, à Toulouse,

Fondé par Robert de Molesmes en 1100, l'ordre de Cîteaux devint, avec l'engagement personnel de Bernard de Clairvaux à partir des années 1130, et grâce à son prestige spirituel et intellectuel, le fer de lance de l'Eglise militante. Idéologue de la croisade, fondateur mystique de la milice religieuse du Temple, saint Bernard allait indubitablement insuffler à la chrétienté du XIIe siècle sa foi en l'unité sacrée de l'Eglise. Pas plus que ses successeurs, les cisterciens légats du pape de la fin du XIIe siècle et des premières années du XIIIe siècle, il ne semble pourtant avoir rencontré un grand succès dans sa prédication contre les hérétiques. Ce semi-échec des cisterciens allait ouvrir la voie à la vocation de Dominique et à la fondation des Frères prêcheurs.

à Verfeil et à Albi, ce ne fut point à des partisans du moine Henri qu'il se heurta, mais à une sorte d'hérétiques mieux particularisés, qui durent lui rappeler les descriptions de son correspondant rhénan. Ce fut dans son entourage qu'on leur donna le simple nom d'«hérétiques albigeois». C'étaient, manifestement, de ces Chrétiens ou Apôtres qu'on appelle aujourd'hui des cathares.

On constate par ce dossier documentaire qu'en pays de Toulouse et d'Albi, avant le milieu du XIIe siècle, l'évangélisme dissident tenait déjà les bourgades, y essaimait des communautés d'hommes et de femmes, sous la protection des lignages de la petite noblesse rurale et sous le signe d'un anticléricalisme rieur et chahuteur. Prélats, légat et Bernard, lumière de Cîteaux en personne, en firent directement les frais. Le petit peuple des campagnes, qui semblait quant à lui moins profondément contaminé, écouta d'une oreille plus sage les prédications; Bernard, revenu à Clairvaux, tira de l'expérience la rhétorique violente d'une série de sermons antihérétiques, donnant le ton aux futures campagnes de contre-prédication cistercienne et laissant la voie libre à la répression par la force et à l'inquisition de la pestilence hérétique.

Vingt ans plus tard, en 1165, à Lombers, on devait pourtant voir les champions en théologie des mêmes hérétiques, autour de leur évêque d'Albigeois qui était déjà probablement Sicard Cellerier, tenir tête, malgré les cisterciens, à de hauts prélats catholiques, lors d'un débat contradictoire public organisé sous la protection tutélaire du vicomte Trencavel. Dès le départ, entre aristocratie occitane et hérésie albigeoise, la partie semblait liée ; dès le milieu du XIIe siècle, les Eglises cathares, ouvertement tolérées, y avaient le vent en poupe.

L'assemblée générale de Saint-Félix en Lauragais

Ce qui se confirma avec éclat presque immédiatement. En 1167, dans le *castrum* de Saint-Félix en Lauragais, aux confins de la vic Trencavel d'Albi-Carcassonne et du comté de Toulouse, publiquement et ouvertement, se réunissait une assemblée générale des Eglises hérétiques européennes, sous la présidence d'un dignitaire bogomile, l'évêque de Constantinople Nicétas. C'était l'Eglise de Toulousain qui avait eu l'initiative de la rencontre, profitant de la tournée occidentale de Nicétas pour réclamer d'être constituée en évêché. La communauté des Chrétiens de Carcassès en fit autant, comme celle des Chr d'Agenais. Quant à l'Eglise d'Albigeois, la plus anciennement dressée du Languedoc, elle avait déjà son évêque ordonné, Sicard Cellerier.

A l'assemblée de Saint-Félix étaient présentes également une délégation de l'Eglise italienne, autour de Marc, son évêque élu, et une autre de l'Eglise de France, autour de son évêque ordonné, Robert d'Epernon. Les communautés occitanes et leurs conseils d'Eglise élurent donc des évêques, que le prestigieux visiteur ordonna en même temps que Marc. Il réordonna également Sicard Cellerier et Robert d'Epernon, et conféra un nouveau baptême de l'Esprit à tous les Chrétiens et Chrétiennes présents.

La famille des Trencavel (ci-dessous, sceau du vicomte Raimond Roger) avait réuni à sa vicomté de Béziers celles de Carcassonne et d'Albi, constituant ainsi une très vaste principauté territoriale, jouant ses alliances entre comté de Barcelone et comté de Toulouse. Roger II Trencavel, époux d'Azalaïs de Toulouse, fut le premier de sa lignée à manifester, en même temps qu'un vif anticléricalisme, sa tolérance et même sa sympathie pour les

hérétiques. Il fut le premier Trencavel excommunié. Ce fut son fils Raimond Roger – dont il avait, mourant en 1194, confié la tutelle à un hérétique notoire – qui fut la première victime de la croisade de 1209.

C'est tout à fait abusivement – même si cette erreur, qui a fait jurisprudence comme bien d'autres, est encore répandue – qu'un certain nombre d'auteurs de la première moitié du XXᵉ siècle ont pu interpréter dans un sens dogmatique l'intervention de Nicétas à Saint-Félix et même faire dudit Nicétas un pape des Eglises catharo-bogomiles.

Les textes l'indiquent clairement : ce ne fut nullement pour prêcher aux communautés locales quelque credo dualiste mais simplement pour leur transmettre le pouvoir d'ordination épiscopale dont il était détenteur que cet évêque bogomile effectua sa tournée en Occident. Sans doute se borna-t-il à persuader les Eglises déjà existantes entre Languedoc et Rhénanie que la lignée de transmission de l'Esprit saint, par l'imposition des mains des Chrétiens, dont il était l'héritier et le porteur, était d'une filiation apostolique plus fiable que la leur propre. Le seul discours de Nicétas aux Eglises cathares d'Occident dont les textes nous aient conservé trace, porta sur la nécessaire autonomie, par rapport à ses voisines, de chaque communauté groupée autour de son évêque. Il argumenta que les Eglises sœurs d'Orient, ainsi délimitées, vivaient en bonnes relations de paix et d'amitié : «Faites de même.»

Les évêchés cathares occidentaux

L'un des points essentiels, à l'ordre du jour de l'assemblée de Saint-Félix de 1167, était en effet l'arbitrage d'une procédure de bornage entre les territoires des Eglises de Toulousain et de Carcassès. Et le principal constat historique que l'on puisse tirer de l'événement est celui du réel dynamisme que connaissait alors le catharisme occitan et qui le poussait à essaimer et se structurer en Eglises ou évêchés. Le document de Saint-Félix apparaît aussi comme une sorte de photographie de l'implantation européenne des communautés hérétiques un quart de siècle après l'appel d'Evervin de Steinfeld à saint Bernard.

Le personnage de Nicétas, victime de graphies médiévales fantaisistes, comme par exemple «Papaniceta», fut du coup interprété parfois comme le «pape» d'un catharo-bogomilisme solennellement fondé à Saint-Félix. Plus modestement, il fut un «père», dont le rôle se borna à prêcher au contraire la nécessaire indépendance de chacune des multiples Eglises vis-à-vis des autres.

Des évêques étaient attestés à la tête des communautés rhénanes avant le milieu du XIIe siècle; en 1163, Eckbert de Schönau précisait que les cathares de Bonn et Mayence avaient leurs archicathares. A Saint-Félix, pourtant, aucun représentant d'une Eglise de Rhénanie ne se manifesta. La grande vague de répression dont Eckbert venait d'être le témoin avait-elle eu raison – au moins pour un temps – de l'organisation de ces Eglises rhénanes?

A Saint-Félix se présenta pourtant une délégation de l'Eglise de France, autour de son évêque, Robert d'Epernon. Des foyers hérétiques actifs étaient signalés dès l'an mil en Champagne, autour de Vertus, puis de Châlons et de Reims; nous en repérons d'autres en Bourgogne, par les archives de la répression qu'ils subirent, autour de Vézelay et de Nevers. Sans doute faut-il voir en eux des éléments de ce vaste et indéfini évêché cathare de France, qui regroupait peut-être aussi les communautés du Soissonnais et des Flandres – toujours vivantes autour d'Arras.

La densité des communautés hérétiques de ces vastes zones devait être relativement légère, puisque

Cette figuration du concile de Latran (ci-dessus) de 1215 donne peut-être une idée de l'attitude des religieux hérétiques rassemblés à Saint-Félix. Comme le pape Innocent III (à gauche) le pope Nicétas dut présider; mais là se borna son rôle, avec la liturgie des ordinations. Ce furent les communautés religieuses cathares elles-même (les femmes étant présentes, à la différence du concile catholique), qui prirent les décisions les concernant.

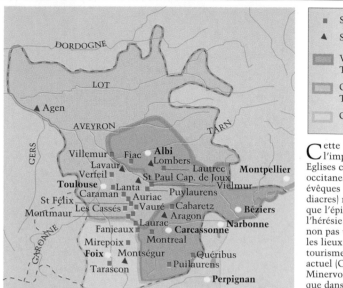

■ Siège d'Evêque

▲ Siège de Diacre

Vicomtés de Trencavel

Comté de Toulouse

Comté de Foix

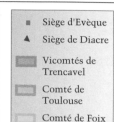

Cette carte de l'implantation des Eglises cathares occitanes (sièges des évêques et des diacres) montre que l'épicentre de l'hérésie se situait, non pas tant dans les lieux d'appel du tourisme «cathare» actuel (Corbières, Minervois, Pyrénées), que dans le vaste sillon lauragais, au cœur des plaines fertiles et des lieux

l'ensemble formait l'Eglise d'un seul évêque. L'Italie, avec son unique évêque Marc, semblait en 1167 dans une situation analogue. Mais si l'Eglise de France demeura unie jusqu'à l'échéance de l'ultime bûcher, peu avant le milieu du XIIIe siècle, l'Eglise de Marc de Lombardie, au contraire, se scinda bientôt en un certain nombre d'Eglises parfois antagonistes, dont les débats animèrent longtemps les cités italiennes.

d'échange où se pressaient bourgades et *castra*, entre Toulouse, Albi et Carcassonne.

Bien différente était – et devait rester – la situation en Occitanie. C'est ouvertement tolérée que put se tenir, dans le *castrum* des seigneurs de Saint-Félix, vassaux du vicomte Trencavel, l'assemblée solennelle de ces religieux et religieuses que toute l'Europe pourchassait et condamnait. Tout se passe comme si le catharisme n'avait jamais été clandestin entre Albi et Toulouse. Dès le milieu du XIIe siècle, il y était implanté avec une telle densité déjà que des Eglises étaient en gestation au sein de ses communautés de Carcassès, de Toulousain et d'Agenais, qu'une Eglise avec son évêque était déjà dressée en Albigeois. L'appellation d'«albigeois» pour désigner les cathares méridionaux est historiquement cohérente, du fait de l'antériorité de l'évêque d'Albigeois sur ceux de Toulousain, Carcassès et Agenais. Sicard Cellerier, comme Robert d'Epernon, est un dernier représentant de l'ancienne filiation épiscopale cathare qui était implantée en Occident avant l'intervention de Nicétas, celle dont participaient l'évêque des Apôtres brûlés en 1143 et les archicathares brûlés en 1163.

Quatre – et bientôt cinq – Eglises hérétiques se

Pour d'obscures raisons de personnes, pour des problèmes de mœurs posant l'ombre du doute sur la validité des sacrements conférés – et non à cause de querelles dogmatiques – l'Eglise cathare italienne éclata vers la fin du XIIe siècle en plusieurs foyers antagonistes. Les inquisiteurs du XIIIe siècle allaient démesurément focaliser l'objet de ces dissensions sur une rivalité d'écoles dualistes, qui n'eut jamais en fait grande conséquence réelle. Ces visages de pierre ornent l'église de Montsaunès, Haute-Garonne.

partageant le territoire des diocèses catholiques de Narbonne, Carcassonne, Toulouse, Albi et Cahors – voire Agen : en comté de Toulouse, en comté de Foix et dans la vicomté de Carcassonne, Béziers, Albi et Limoux, le christianisme des albigeois, dense et désormais structuré, implantait sans obstacle majeur sa dynamique religieuse. Il allait y connaître un réel temps de grâce.

Tandis que la Rhénanie brûle ses cathares et la Champagne ses publicains, Bons Hommes et Bonnes Femmes ouvrent leurs maisons communautaires dans les ruelles du *castrum* occitan – le seul vrai «château cathare» qui fût. De Toulouse à Carcassonne, l'hérésie est devenue la manière la plus distinguée, et pourtant la plus sûre, de faire son Salut.

CHAPITRE III
LE TEMPS DE GRÂCE DE L'HÉRÉSIE

À l'image de ce saint Georges de Cîteaux terrassant le dragon (ci-contre), les chevaliers de la chrétienté seront appelés par le pape à une croisade contre d'autres princes et chevaliers chrétiens, depuis longtemps coupables du péché de tolérance envers l'hérésie sur leurs terres. A gauche, les ruines du château de Peyrepertuse.

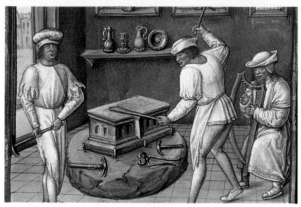

Au cœur du «castrum» méridional

Car le village médiéval occitan avait un cœur. Il en avait même plusieurs : l'ancien château féodal autour duquel il enroulait ses rues concentriques, et la place publique où bourgeois, artisans et paysans côtoyaient sergents, dames et chevaliers. Ici, les structures d'habitat favorisaient une certaine perméabilité, inconcevable ailleurs, entre les classes de la société – on disait alors les trois ordres : ceux qui prient, moines et clercs (*oratores*), ceux qui combattent, roi, princes et nobles (*bellatores*), et ceux qui travaillent, l'immense foule des laboureurs et manieurs d'outils (*laboratores*).

Au temps où l'Europe se hérissait de châteaux forts, isolant la caste militaire dans ses nids d'aigles au-dessus des glèbes paysannes, une autre forme de sociabilité et d'habitat germait en effet d'Italie en Gascogne. Les populations rurales, désormais fixées en villages et encadrées, ici comme ailleurs, par le pouvoir seigneurial et le système des tenures, n'y demeurèrent pas à distance respectueuse de la forteresse féodale : les maisons villageoises se groupèrent en cercle, au sommet des collines, autour

Les progrès récents de l'archéologie ont mis en évidence l'*incastellamento* : entre le XIe et XIVe siècle, dans l'Europe méditerranéenne, l'habitat s'est groupé en villages fortifiés, de plan circulaire, autour de la tour féodale (bourg castral) ou de l'église paroissiale (bourg ecclésial). Ici, le village de Bram, Aude.

Contrairement au cliché d'Epinal du « château cathare» du tourisme actuel, le vrai «château» cathare était un village bruissant de l'activité des métiers, ainsi que ces miniatures, un peu tardives, du XVᵉ siècle, en donnent une proche image. La réalité du *castrum* occitan renvoie les « châteaux cathares » à leur fonction de forteresses royales françaises de la frontière aragonaise, édifiées par les rois à la fin du XIIIᵉ siècle et au début du XIVᵉ – puis remaniées jusqu'au XVIᵉ siècle.

du noyau de la tour primitive, et ce fut l'ensemble qui s'entoura de murailles. Le mot *castrum*, du latin médiéval, ne désigne pas dans l'Europe méridionale un château fort, mais un village fortifié.

Au moment où les textes nous révèlent une forte implantation et l'organisation d'évêchés cathares en Languedoc, entre la fin du XIIᵉ siècle et les premières années du XIIIᵉ, ces villages-châteaux apparaissent nombreux et populeux, retentissant du bruit des métiers des artisans – forgerons, tisserands –, animés de foires et marchés, et déjà administrés par des consulats élus, capables de tempérer les pouvoirs seigneuriaux. La caste aristocratique elle-même offre un caractère foisonnant, débordant de vie et un peu

Les lignages des grands princes occitans, vicomtes Trencavel, comtes de Toulouse, comtes de Foix, pratiquaient au

anarchique. Le système du lignage patrilinéaire, assurant au seul fils aîné du seigneur de fief l'héritage exclusif de l'ensemble des droits et des terres, qui caractérisait traditionnellement la société féodale dans les pays de droit coutumier germanique, ne parvint ici que très tard à s'imposer – et encore à la faveur de la conquête française. Vers 1230 par exemple,

XIIe siècle le droit d'aînesse par filiation patrilinéaire, qui régissait l'ensemble de la féodalité européenne. La famille comtale de Foix adhéra très tôt au catharisme. Gaston Fébus, comte de Foix et Béarn, auteur de plusieurs traités comme ce livre de chasse (ci-dessus), était arrière-petit-fils de comtes et de comtesses cathares.

la seigneurie du Mas-Saintes-Puelles, en Lauragais, était restée collective, partagée entre cinq frères. L'absence de droit d'aînesse, dans le droit coutumier d'origine romaine qui structurait la société féodale occitane, détermina en effet un système seigneurial

JNCIPIUNT CAPIT: IN PACTO SALICVC

original, bourgeonnant et diffus, qui voyait le pouvoir exercé conjointement et les revenus partagés par des coseigneurs ou «parsonniers», entre eux frères, cousins ou arrière-cousins – voire cousines.

A cette large famille nobiliaire, qui débordait de la vieille tour féodale pour s'installer dans de plus confortables demeures en ville, parfois louées aux bourgeois, s'ajoutait toute une clientèle de chevaliers ruraux, avec leurs dames et leurs gens. Toute cette population plus ou moins aristocratique voisinait, dans les rues du *castrum*, avec celle des boutiquiers et des paysans, composait avec la bourgeoisie consulaire. Entre les ordres de la société, la parole et le geste passaient. *Laboratores* et *bellatores* fréquentaient la même place publique ; des *oratores*, qu'on nommait ici Bons Chrétiens, ou Bons Hommes et Bonnes Femmes, mais ailleurs hérétiques, ouvraient leurs maisons religieuses le long des mêmes ruelles. Le christianisme cathare se diffusa ainsi, mode religieuse au sein d'une culture aristocratique que l'ensemble du *castrum* considérait comme un modèle à suivre.

Vassaux et arrière-vassaux des comtes, au contraire de ces derniers, pratiquaient largement la seigneurie collective, et par ces lignages bourgeonnants, les dames elles-mêmes pouvaient parfois être seigneurs. Ce qui n'avait bien sûr rien à voir avec la fameuse Loi salique (ci-dessus) qui interdit aux princesses capétiennes d'hériter de la couronne de France (manuscrit du VIIIe siècle). La chevalerie méridionale garda généralement un caractère besogneux et rural, sans connaître la véritable sacralisation chrétienne dont l'idéologie grégorienne puis les romans du Graal allaient revêtir la chevalerie française. Ci-contre un chevalier de la bastide de Cordes.

Le christianisme ordinaire de la bonne société

Dès 1145, la mission de Bernard de Clairvaux en Albigeois et Toulousain révélait les fortes tendances de l'aristocratie des bourgs à l'anticléricalisme le plus cru, qui la portait vers d'hérétiques sympathies. De fait, besogneuse autant que populeuse mais fière, cette petite et moyenne noblesse, vassale des Trencavel ou des comtes de Toulouse, avait depuis longtemps détourné à son profit, pour vivre généreusement selon son rang, les impôts et redevances que ses paysans devaient à l'Eglise, ces fameuses dîmes ecclésiastiques que la papauté réformatrice exigeait désormais de récupérer. Fastueux prélats et opulentes abbayes représentaient, pour les petits seigneurs laïcs du *castrum*, de puissants rivaux aux prétentions politiques insupportables. Ils s'en vengeaient par la dérision, développant dans leurs cours les valeurs nouvelles d'une culture mondaine, élégante et spirituelle, parfois libertine. Les troubadours, qui chantaient l'amour profane, s'exerçaient aussi à la satire la plus aiguë contre les nantis et les clercs de Rome. Coseigneurs et chevaliers tendirent de plus en plus naturellement à considérer avec faveur cette autre Eglise chrétienne, avec sa

Le *trobar* et la *fine amour*, l'art d'aimer et de composer des troubadours, brilla dans les cours, du Limousin à la Provence, de l'Italie à la Catalogne, durant deux siècles (à gauche et à droite, un banquet de cour). C'est dire que cette joie d'amour profane déborda largement le « pays cathare» occitan. La normalisation religieuse du XIIIe siècle allait pourtant en avoir raison. A la fin du XIIIe siècle, les derniers troubadours chantaient à la cour d'Alphonse le Sage, c'est-à-dire le pieux et le savant, roi de Castille. Leur dame n'était plus charnelle, mais céleste, la Vierge Marie.

hiérarchie épiscopale parallèle, qui implantait ses maisons religieuses dans leurs bourgades : une Eglise intellectuellement correcte, qui n'exigeait ni impôt ni dîme, travaillait pour vivre et n'affichait que détachement envers le monde, ses pompes et ses œuvres. Même si le reste de l'Europe la condamnait comme hérétique.

Les dames de cette aristocratie, à qui la *fine amour* des troubadours et la culture courtoise reconnaissaient valeur cordiale et sagesse amoureuse, et que le droit coutumier méridional admettait à hériter, à tester, à léguer, voire à partager l'autorité coseigneuriale, manquaient pourtant cruellement d'échappatoire spirituelle. Il y avait réelle pénurie de monastères

Raimond de Miraval (ci-dessous), coseigneur d'un tout petit *castrum* de Cabardès, n'en fut pas moins l'un des plus fameux troubadours de son temps; ami du comte Raimond VI de Toulouse, il composa ses subtils vers d'amour dans le contexte hautement catharisant des cours de Cabaret ou de Saissac, des maisons de Bonnes Femmes de Miraval ou de Hautpoul. La croisade venue, il adressa un vibrant appel au roi Pierre d'Aragon : «S'il reprend le repaire de Carcassonne, il sera empereur de prouesse [...]; alors pourront dames et amants recouvrer la joie d'aimer qu'ils ont perdue.» En 1213, Pierre intervint aux côtés de Raimond VI, mais la bataille de Muret fut un désastre; Raimond de Miraval, dépossédé par Montfort, mourut en exil, à Lerida.

féminins entre Bordeaux et Maguelone-Montpellier, et les dames qui voulaient faire leur salut après une vie bien remplie d'épouse et de mère d'abondants lignages, se tournèrent avec intérêt vers cette Eglise chrétienne indépendante de Rome, qui ouvrait largement ses maisons religieuses et même son sacerdoce aux femmes. Ce fut très communément comme « matriarches cathares» (expression due à Michel Roquebert) que les belles dames des troubadours, vieillissantes, achevèrent leur vie en religion, non pas cloîtrées au fond d'un couvent, mais comme directrices de conscience de leur parentèle, respectables et respectées – ainsi dame Garsende, la mère des cinq coseigneurs du Mas-Saintes-Puelles.

A Lombers, en 1165, comme à Verfeil et Albi en 1145, la noble assistance aux débats entre prélats catholiques et délégation épiscopale des hérétiques penchait ouvertement pour ces derniers. Le vicomte Trencavel lui-même les protégeait, si bien que les autorités catholiques ne purent faire rien d'autre que condamner par principe les positions de Sicard Cellerier et semoncer les coseigneurs de Lombers pour leurs sympathies trop affichées envers la «très abjecte secte des Tisserands ou ariens». En 1177, Raimond V, comte de Toulouse et catholique sincère, adressait au chapitre général de l'ordre de Cîteaux une correspondance angoissée, réclamant aide morale et militaire contre l'hérésie structurée en Eglises qui avait envahi son beau comté et les terres avoisinantes : j'ai les mains liées, écrivait-il en substance, mes vassaux et arrière-vassaux sont favorables aux hérétiques et les protègent ouvertement.

La populeuse caste aristocratique occitane, travaillée par la culture laïque des troubadours et souvent appauvrie par l'émiettement matériel résultant de ses coutumes lignagères, était volontiers libertine, voire anti-cléricale. Roger Trencavel retint longtemps prisonnier l'évêque d'Albi ; son ami Bertrand de Saissac, qui avait fait de son côté arrêter l'abbé d'Alet, n'en fréquentait pas moins respectueusement le clergé cathare. Nul doute que cette noblesse ne vit d'un bon œil une Eglise sans prétention temporelle. Mafre Emergaud dans son *Bréviaire d'Amour* (page de droite, scènes de cour), tenta une moralisation des conduites aristocratiques.

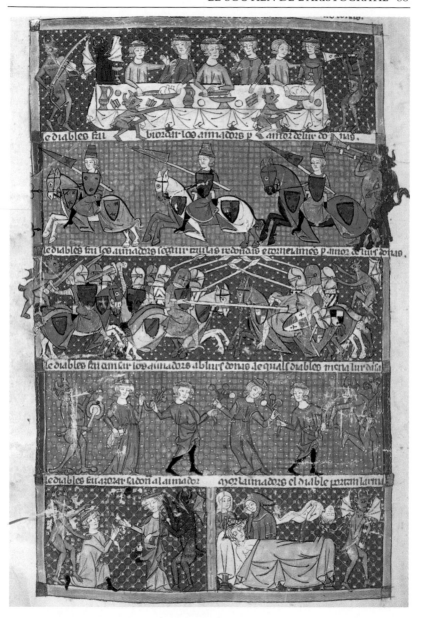

De fait, petite et moyenne aristocratie des bourgades occitanes fournissaient le gros de l'effectif des maisons communautaires des Bons Hommes et des Bonnes Femmes et, déjà, les princes eux-mêmes s'engageaient : Roger Trencavel, vicomte de Carcassonne, Albi et Béziers, avec son épouse Azalaïs de Toulouse fréquentaient et honoraient chrétiens et croyants hérétiques; dès les dernières années du XIIe siècle, les dames de la famille comtale de Foix entraient en religion cathare; à Toulouse, Raimond VI, comte à partir de 1194, se montrait aussi ouvert et tolérant envers les Bons Hommes et leur évêque de Toulousain que son père, Raimond V, ne l'était point.

En Occitanie, le christianisme cathare apparaissait indéniablement comme une manière particulièrement distinguée de faire son salut; en tout cas, le soutien des classes dirigeantes lui assurait toute liberté de rayonnement. Le rapport de forces interdisait ici aux autorités catholiques cette politique de répression physique, qui traquait et faisait brûler les hérétiques un peu partout en Europe.

Des religieux dans le siècle

Les documents sont unanimes à nous présenter l'évangélisme cathare pénétrant par le haut, par les castes dirigeantes, la société occitane médiévale. Il est de fait que, dans le contexte extrêmement favorable de la sociabilité du castrum, l'option religieuse des élites nobiliaires et culturelles fut

Dans le contexte des sociétés cultivées des cours occitanes, illustré par ces personnages de l'art roman toulousain (à gauche et à droite) et par le sceau du comte Raimond VII (ci-dessous), comme dans les cités italiennes, les religieux cathares écrivaient. Cinq livres cathares sont parvenus jusqu'à nous. Trois sont italiens : le scolastique *Livre des deux principes* de Jean de Lugio (vers 1240), le rituel latin copié à sa suite, et le rituel en occitan alpin aujourd'hui conservé à Dublin (fin XIVe). Deux livres sont d'origine languedocienne : un traité anonyme en latin (vers 1220) et le rituel occitan conservé à Lyon. Ce sont des

livres de véritable réflexion théologique chrétienne.

Le rituel de Lyon (ci-contre) est copié à la suite d'une Bible cathare, traduction en occitan de l'intégralité du Nouveau Testament. C'est le seul manuscrit cathare enluminé qui soit parvenu jusqu'à nous. Ici le début du *servici*, ou coulpe collective : «Nous sommes venus devant Dieu, et devant vous, et devant l'ordre de la sainte Eglise…»

aisément reproduite, comme simple phénomène de mode, dans l'ensemble de la population ; que l'engouement des belles dames pour les Bons Hommes prédicateurs, leur empressement à entrer dans les ordres religieux cathares, durent susciter bien des vocations parmi les femmes des artisans et des paysans du lieu ; que la faveur ouverte des grands pour cette Eglise lui tînt lieu de légitimité aux yeux du peuple chrétien des bourgades.

Mais le catharisme portait en lui-même assez d'arguments pour asseoir sa légitimité chrétienne et attirer les ferveurs populaires. Essayons de le décrire et de l'analyser tel qu'en lui-même, et non à travers le seul discours péjoratif et souvent mal compris de ses adversaires. Suffisamment de textes d'origine proprement hérétique nous sont parvenus pour que, croisant ces sources avec toutes les autres, nous puissions tenter l'aventure. Tout d'abord, efforçons-nous, pour mieux saisir les réalités du vécu, d'adopter la terminologie qui était alors usitée au sein de la population croyante, et d'abandonner les vocables externes et malveillants d'hérétique, de cathare, de parfait ou parfaite pour ceux de Bons Hommes, Bonnes Femmes ou Bon(ne)s Chrétien(ne)s.

Là où le pouvoir politique se montra suffisamment tolérant pour qu'il puisse se structurer en évêchés et installer ses maisons religieuses au cœur des bourgades, comme ce fut le cas dans bien des seigneuries vassales de Toulouse, de Foix ou de Carcassonne-Albi, mais aussi dans les cités d'Italie du Nord, le christianisme des Bons Hommes présenta le visage d'une Eglise visiblement apostolique. Alors que les moines catholiques, jusqu'au début du XIIIe siècle, fuyaient la société, bâtissaient leurs monastères dans des vallons perdus et ne se manifestaient au peuple chrétien qu'à travers quelques prédicateurs cisterciens au verbe distant, les maisons cathares s'ouvraient dans les ruelles mêmes des bourgs. Elles anticipaient ainsi sur la pratique du

Dans les bourgades de la vicomté de Carcassonne (à droite, en haut), du comté de Foix (à droite, en bas) ou du comté de Toulouse, les maisons communautaires cathares étaient nombreuses. Les établissements féminins, en particuliers, remplissaient une véritable fonction hospitalière. Les Bonnes Femmes recevaient à leur table, soignaient les malades, accueillaient les voyageurs, secouraient les indigents. Le rôle des femmes dans l'Eglise cathare était en fait plus large et plus actif que celui des moniales catholiques.

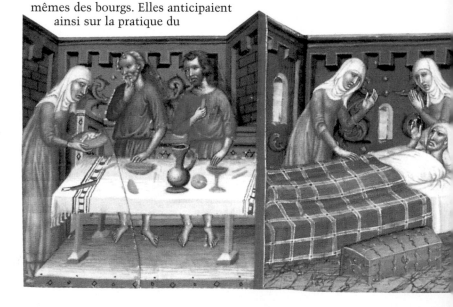

couvent à la ville des futurs ordres mendiants, dont elles fourniraient en fait le modèle.

Cependant, à la différence des monastères et couvents catholiques, les maisons des Bons Chrétiens ignoraient toute clôture : leurs religieux et moniales en sortaient librement ; chacun, au village, pouvait y pénétrer. C'était dans la transparence et souvent en public que se pratiquaient culte, liturgies et ascèses rituelles. Tout villageois pouvait constater *de visu* que ces religieux et religieuses vêtus de noir suivaient avec rigueur le modèle des apôtres, dans la pauvreté, l'abstinence et la chasteté, suivant la seule règle

Comme leurs frères, les femmes avaient le droit de prêcher – ce qu'elles faisaient généralement au sein de foyers croyants, pour des auditoires féminins – et même de conférer, en cas de besoin, le sacrement du salut de l'âme. Jusqu'aux temps de l'Inquisition, et malgré les bûchers collectifs de la croisade, elles furent nombreuses au sein du clergé cathare. Cette adhésion des femmes à une forme de christianisme qui leur reconnaissait autorité spirituelle et religieuse, scella le succès massif du catharisme occitan.

de l'Evangile, ne consommant aucun produit carné, refusant de tuer même un animal et travaillant de leurs mains pour vivre. A la fois ateliers, écoles et hospices, les maisons des Bons Hommes et Bonnes Dames étaient d'intenses foyers de rayonnement, assurant parmi le peuple chrétien des bourgs une présence religieuse forte et attractive.

Ces communautés religieuses en leurs maisons étaient visitées chaque mois par un diacre, qui leur administrait une liturgie de pénitence collective, équivalent de la coulpe monastique catholique. Les diacres étaient désignés par la hiérarchie épiscopale de chaque Eglise, elle-même administrée par un conseil présidé par l'évêque et ses deux coadjuteurs, un Fils majeur et un Fils mineur. A la mort de l'évêque, le Fils majeur, qui avait déjà reçu l'ordination épiscopale, lui succédait, et l'Eglise élisait un nouveau Fils mineur.

Cette organisation rappelle celle de l'Eglise chrétienne primitive. Elle faisait du christianisme dit cathare un ordre religieux vivant et opérant dans le siècle, et réparti entre un certain nombre d'Eglises épiscopales autonomes. Les textes originaux emploient les termes d'« ordre de sainte Eglise ». C'était le clergé, à la fois régulier

Lorsqu'un croyant – ou une croyante – rencontrait un Bon Homme ou une Bonne Femme, il devait le saluer d'une triple demande de bénédiction, en s'inclinant trois fois profondément : «Bon(ne) chrétien(ne), la bénédiction de Dieu et la vôtre.» A la troisième fois, il ajoutait : «Et priez Dieu pour moi, qu'il fasse de moi un(e) Bon(ne) Chrétien(ne) et me conduise à une bonne fin.» Bons Hommes et Bonnes Femmes répondaient en bénissant. Cette formule de salutation rituelle ou *melhorier*, appelée *adoratio* dans le langage inquisitorial, équivalait à un engagement du croyant ; celui qui, devant l'inquisiteur, avouait l'avoir pratiqué, se trouvait alors forcé de reconnaître aussi «avoir cru que les hérétiques étaient de Bons Chrétiens et que par eux on pouvait être sauvé». Les croyants assistaient aux sacrements et recevaient le pain bénit partagé à la table des Bon(ne)s Chrétien(ne)s.

et séculier, qu'une population de fidèles ou croyants saluait rituellement d'une triple révérence, en lui demandant sa bénédiction et celle de Dieu.

Des prêcheurs d'Evangile

Mais les religieux cathares ne prêchaient pas que d'exemple, par la conformité apostolique de leur vie ; ils étaient aussi des prédicateurs très écoutés, portant la parole biblique au sein des foyers qu'ils visitaient, lisant à haute voix dans leurs livres puis commentant des versets des Saintes Ecritures traduites en langue romane. L'Evangile mis à portée de toutes les oreilles, alors que prêtres et clercs catholiques ne les citaient qu'en latin. L'une des raisons du succès des Bons Chrétiens est assurément à trouver là.

Comme tous les prédicateurs chrétiens, ils exhortaient à la conversion en vue du salut, à partir des Ecritures saintes. Leur enseignement toutefois

Il ne faut sans doute pas imaginer les religieux cathares prêchant en chaire, sauf peut-être en catéchèse dans leurs écoles, ou pour des auditoires particulièrement solennels – comme Guilhabert de Castres à Montségur. La prédication cathare avait généralement un caractère de confidentialité, dans l'intimité d'une maison particulière, pour quelques personnes rassemblées, famille et voisins. Ci-dessus, prédication du XIVe siècle.

60

insistait particulièrement sur les réalités invisibles de l'au-delà, ce royaume du Père, annoncé par le Christ, et « qui n'est pas de ce monde». Ils tiraient des mythes chrétiens de la chute des anges et de Lucifer, ou du combat entre l'archange et le dragon du mal, une confirmation du dualisme évangélique qui oppose un Dieu de bonté et d'amour aux basses réalités d'un monde partagé entre la haine, le mensonge et la mort. Privilégiant, dans les Saintes Ecritures, le postulat de la toute-bonté de Dieu par rapport à celui de sa toute-puissance, ils opposaient le Nouveau Testament à l'ancienne Loi et refusaient d'assimiler Yahvé/Jéhovah, le créateur jaloux et violent mis en scène par la Genèse, au Père annoncé par le Christ.

Argumentant le mythe de la chute des anges par le thème biblique de l'exode des Hébreux en Egypte, celui des brebis perdues d'Israël que le Bon Pasteur de l'Evangile doit ramener, ils voyaient dans les âmes humaines des anges tombés dans les prisons charnelles de ce monde mauvais qui n'est pas de Dieu. Selon la parabole évangélique du bon et du mauvais arbre, omniprésente dans leurs prédications, ils renvoyaient le bon fruit au bon arbre et le mauvais fruit au mauvais arbre, c'est-à-dire le monde invisible et lumineux à Dieu, et ce bas monde empreint de dégénérescence et de mort à un mauvais créateur, qu'on l'appelât Lucifer, ou de tout autre nom de diable. Et les âmes des hommes, anges tombés de la création divine, entraînés avec lui par le dragon en sa chute, attendaient la délivrance de leur exil terrestre : le salut par le Christ.

Le thème de la chute des anges est omniprésent dans l'imaginaire chrétien médiéval et n'a rien d'hétérodoxe. On le trouve ici (page de gauche) figuré dans un manuscrit du XVe siècle. Les cathares y lisaient un signe de l'innocence des âmes, créées bonnes par Dieu et entraînées malgré elles dans la chute; ils niaient le libre-arbitre comme un artifice séducteur du diable. Les anges de Dieu ne pouvaient choisir le mal sciemment, ils ne pouvaient que le subir jusqu'à la délivrance. C'est cette libération du mal qu'à leurs yeux le Christ, en bon pasteur des brebis du peuple de Dieu, était venu annoncer aux anges-âmes prisonnières en ce bas monde, de la part du Père, comme la Bonne Nouvelle évangélique. La seule prière des cathares était le Pater, qu'ils commentaient et récitaient solennellement en prélude au sacrement du *consolament*, en insistant sur la formule : «Mais délivre nous du mal.» Ci-contre, statuette du Bon Pasteur.

Peyrepertuse (au centre), Puilaurens (en haut à gauche), Lastours (en bas à gauche), Termes (ci-dessous), Puivert (en haut à droite), mais aussi Quéribus ou Roquefixade... Sous l'appellation non contrôlée de «châteaux cathares» ils drainent chaque été des milliers de touristes persuadés d'effectuer dans leurs ruines un pèlerinage aux sources du catharisme. La vérité voudrait pourtant qu'on rende à ces magnifiques châteaux de pierre leur

identité de forteresses royales – ce qui n'enlève rien à leur intérêt touristique. Ce furent, à la fin du XIIIᵉ siècle, les architectes de Philippe le Hardi et de Philippe le Bel qui les édifièrent sur la frontière aragonaise, nouvellement définie après l'annexion du Languedoc à la couronne de France et le traité de Corbeil de 1258. Réaménagés jusqu'au XVIᵉ siècle, ils ne perdirent leur effet stratégique qu'avec la paix des Pyrénées de 1659.

Cette cosmogonie qui peut nous paraître aujourd'hui étrange et touffue s'inscrivait en fait naturellement dans la culture chrétienne du temps, et les prédicateurs hérétiques la fondaient sur tout un corpus de références scripturaires. C'est ainsi qu'ils entendaient prêcher le message du Christ, Fils du seul vrai Dieu, envoyé par le Père en ce bas monde « dont Satan est le prince», afin d'apporter aux brebis perdues, aux anges tombés, les moyens du salut et du retour à la patrie céleste.

Le sacerdoce du salut des âmes

A leurs yeux, ce n'était pas pour souffrir ni mourir sur une croix que le Père avait envoyé sur terre son Fils, mais comme messager, sous simple apparence humaine, et non dans un corps de chair forgé par le mauvais. Par la parole de l'Evangile, la « bonne nouvelle», le Christ devait rappeler aux anges tombés le royaume perdu et l'amour du Père. Ce fut le rôle des apôtres de porter et diffuser ce message d'éveil, destiné à tous les hommes. Avant de regagner le Ciel,

le Christ leur enseigna en outre les préceptes de la «loi de vie» – cette «voie de justice et de vérité» des Bons Hommes, qui refusaient la violence, le mensonge et le serment – ainsi que les gestes du sacrement qui assure le salut. Héritiers directs des apôtres, les Bons Chrétiens prétendaient être dépositaires, à leur suite, du pouvoir de lier et délier les péchés que le Christ leur avait conféré. Cette marque de la vraie Eglise chrétienne, ils la manifestaient en disant le Notre Père, en bénissant et partageant à leur table le pain de la parole divine en mémoire du Christ – comme une cène protestante, sans présence réelle – et surtout en pratiquant le sacrement qui remet les péchés et sauve les âmes, c'est-à-dire le baptême par l'Esprit et l'imposition des mains – seul sacrement à être selon eux fondé dans le

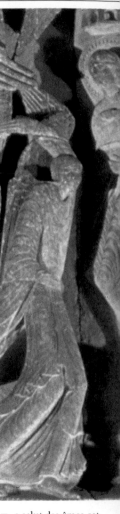

Le salut des âmes est un thème récurrent de l'iconographie religieuse médiévale. Ci-dessus, la pesée des âmes (cathédrale saint Lazare d'Autun). A gauche, Christ en majesté.

L'hérésie essentielle des cathares, aux yeux des autorités catholiques, ne fut sans doute pas le dualisme de leur lecture biblique, qui était dans l'air du temps et qu'ils ne développèrent que peu à peu ; ce fut leur conception de la nature purement divine du Christ, qui permettait de les comparer aux grandes hérésies paléochrétiennes – monophysisme, adoptianisme, arianisme. Les prédicateurs cathares se livraient à des variations sur le thème du docétisme, interprétant le personnage du Christ comme Fils ou ange de Dieu, envoyé au monde sous simple apparence humaine, «adombré» en la Vierge Marie – qui était parfois considérée comme un ange du ciel. Ils n'attachaient donc aucun caractère sacré à la croix – à leurs yeux instrument de supplice et de mort, appartenant à la panoplie du mauvais. S'il était logique que ce monde du mauvais ait persécuté le Christ et ses apôtres, la raison de la mission du Christ n'était point d'être persécuté et de mourir, mais de délivrer son message de Salut par l'Evangile et le baptême de l'Esprit. L'hérésie du catharisme fut de poser la Pentecôte contre la Passion.

Nouveau Testament, et qui représente de fait un rite paléochrétien attesté.

Ainsi, dans les ruelles des bourgades occitanes, les Bons Hommes et Bonnes Femmes étaient-ils tenus pour « de bons Chrétiens, et qui avaient le plus grand pouvoir de sauver les âmes ». L'austérité et la conformité apostolique de leurs mœurs apparaissaient une garantie de la validité de la tradition de salut dont ils disaient être porteurs. Ils ouvraient largement cette espérance au peuple chrétien, taraudé par l'angoisse de la damnation éternelle, en prêchant que toutes les âmes, filles du Dieu vrai, « étaient bonnes et égales entre elles et que toutes seraient sauvées»; ils apportaient à tout croyant les moyens du salut par l'observance des préceptes évangéliques et le sacrement du *consolament* (consolation, du nom du Paraclet, l'Esprit saint « consolateur» de la Pentecôte), qui faisait de lui un Bon Chrétien. Ce sacrement unique leur tenait lieu de baptême, de pénitence, d'ordination et d'extrême onction.

De l'an mil au XIVᵉ siècle, ce qui fait la marque et l'unité incontestable des Eglises cathares et bogomiles, par-dessus mille nuances possibles dans leurs prédications scripturaires, c'est la pratique de ce même, seul et unique sacrement de baptême par imposition des mains, qui signe l'Eglise des Apôtres.

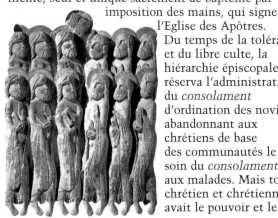

Du temps de la tolérance et du libre culte, la hiérarchie épiscopale se réserva l'administration du *consolament* d'ordination des novices, abandonnant aux chrétiens de base des communautés le soin du *consolament* aux malades. Mais tout chrétien et chrétienne avait le pouvoir et le

Le succès des cathares s'explique en partie par le fait qu'ils libéraient les populations chrétiennes médiévales de l'angoisse omniprésente du jugement dernier et de l'enfer éternel. Les cathares en vinrent au XIIᵉ siècle, à prêcher que l'éternité était d'essence divine et que le mal ne pouvait se manifester que dans le temps, illusoire et transitoire. Le baptême de l'Esprit sauverait toutes les âmes. Pas d'autre enfer que ce monde. En bas, à gauche, relief du cloître de Santo Domingo de Silos figurant la Pentecôte.

droit de délier les péchés et sauver les âmes par le *consolament* et, le temps des persécutions venu, tous l'exercèrent – y compris les Bonnes Femmes.

Un christianisme de l'absence de Dieu

Comme l'indiquaient déjà les Apôtres d'Evervin, les Bons Chrétiens albigeois du XIIIᵉ siècle refusaient d'attribuer à Dieu toute responsabilité et tout pouvoir en ce monde. Ils étaient les prédicateurs du royaume de Dieu, qui n'est pas « ce monde, tout entier posé au pouvoir du mauvais» selon les termes de l'apôtre Jean. En ce bas monde, champ de la manifestation du mal, ils voyaient le seul enfer possible, un enfer transitoire, qui aurait sa fin à la fin des temps, lorsque, dans l'éternité, ne demeureraient que Dieu et sa bonne création, avec toutes les âmes des hommes, sauvées et réintégrées.

Cette vision à la fois optimiste quant à l'avenir et sans appel pour les jours présents, pour les

❝ Pierre Authié [le dernier prédicateur du catharisme] disait qu'après la fin du monde, tout ce monde visible serait [...] consumé, c'est ce qu'il appelait l'enfer. Mais toutes les âmes des hommes seraient alors en paradis, et il y aurait au ciel autant de bonheur pour une âme que pour une autre; toutes seront un, et chaque âme aimera toute autre âme autant que celle de son père, de sa mère ou de ses enfants... **❞**
Registre d'Inquisition de Jacques Fournier

architectures et puissances illusoires de ce bas monde, déterminait une forme de christianisme médiéval très original, car absolument non symbolique. Rien de visible ne pouvait, aux yeux des Bons Chrétiens, évoquer la gloire ni la bonté de Dieu. Rien de visible ne leur fut sacré, ni croix ni colombe. Ils ne bâtirent ni temple ni chapelle, encore moins de château, et pratiquèrent culte et prédication dans des maisons particulières, l'abri d'une cave, d'une auberge, d'une clairière, affirmant que le cœur de l'homme est la seule église de Dieu.

Ce rationalisme avant la lettre les vit – depuis l'an mil – railler les superstitions catholiques et soutenir des propositions pleines d'humour, du type : «Ce n'est pas Dieu qui fait les belles récoltes, mais le fumier qu'on met dans la terre», ou « Pourquoi te prosternes-tu devant cette statue? As-tu oublié que c'est un homme qui l'a taillée d'un morceau de bois avec un outil en fer?»

La théologie cathare était fondamentalement égalitariste. Elle impliquait que les âmes des juifs et des Sarrasins (ci-dessus) seraient tout aussi bien sauvées que celles des inquisiteurs – à une époque d'antisémitisme montant.

Cette absence de Dieu, comme de toute expression d'une volonté divine en ce monde, dissuada toujours les Eglises de ces Bons Chrétiens de se mêler des affaires du siècle – ce que les aristocrates occitans ne reprochaient justement que trop à la grande Eglise. Pas plus que d'art cathare, il ne put exister de conception cathare d'un ordre politique et social d'origine divine, d'un droit divin, d'une juste violence ni d'une guerre sainte. En ce bas monde soumis et gouverné par les violences du mal, toutes les âmes humaines, âmes d'homme ou de femme, de prince ou de pauvresse, âmes d'hérétique ou de prélat, âmes d'infidèle, de juif ou de moine cistercien, étaient à leurs yeux bonnes et égales entre elles depuis leur céleste origine et à toutes, sans discrimination, la conversion et la bonté de Dieu étaient ouvertes avec la promesse du salut.

Pas plus qu'au libre arbitre, les cathares ne croyaient au péché originel : «On ne voit pas comment des anges créés bons auraient pu haïr la bonté, semblable à eux, et qui existait de toute éternité, pour se mettre à aimer le mal.»(*Livre des deux principes*). La vraie nature de l'âme, créée par Dieu, est bonne. Ils libéraient ainsi la femme de la faute d'Eve, fondement de la misogynie biblique.

Les stèles discoïdales (page de gauche), nombreuses en Lauragais – mais présentes à travers toute l'Europe, sont des monuments d'art populaire souvent tardif. La plupart, regroupées autour des églises, ont servi de stèles funéraires; celles aux armes de Toulouse, de simples bornes. C'est tout à fait à tort qu'on a voulu y voir des croix ou des tombes cathares. Leur symbolisme est d'inspiration chrétienne générale, et on sait que l'Inquisition se chargea de détruire toutes les sépultures connues d'hérétiques.

Au cœur des seigneuries ouvertement favorables au christianisme des Bons Hommes, la cohabitation entre religieux hérétiques et clergé catholique se faisait en général sans heurt. Les fidèles souscrivaient communément aux deux Eglises à la fois, deux assurances sur l'au-delà valant mieux qu'une; l'on vit des curés vivre en communauté de Bons Hommes, ou l'évêque catholique de Carcassonne ne s'inquiéter nullement d'être le fils d'une Bonne Dame et le frère de deux Bons Hommes. Le temps des persécutions, après la conquête royale et catholique, allait profondément bouleverser cette société, briser ses solidarités jusqu'au sein du noyau familial – en faisant de l'hérétique un objet d'exclusion et d'infamie.

Une guerre est-elle le meilleur moyen de déraciner une foi bien ancrée dans une population ?
Malgré ses grands bûchers collectifs, la croisade contre les Albigeois aurait été, sur ce plan, un échec, si la victoire du roi n'avait donné au pape les mains libres pour programmer, sur le pays soumis, la procédure de l'Inquisition.

CHAPITRE IV
L'ALLIANCE DU PAPE ET DU ROI DE FRANCE

L'irruption de la croisade signifia l'échec de la tentative de reconquête des âmes par la persuasion à laquelle frère Dominique (à droite, le rêve de Saint Dominique) se consacrait depuis quelques années en Languedoc. Mais la pastorale dominicaine allait efficacement épauler l'Inquisition.

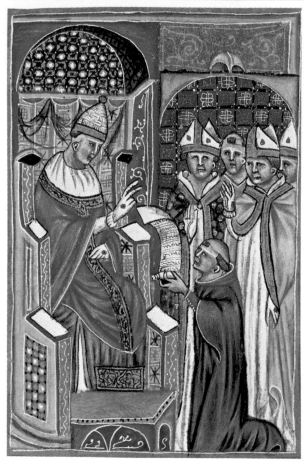

Les armes de la chrétienté occidentale

Au milieu du XIIᵉ siècle, les autorités catholiques
– évêques et archevêques, conciles et papauté –
qui hésitaient encore sur la conduite à tenir envers
les hérétiques qu'elles désignaient et dénonçaient,
commencent à se doter d'un véritable arsenal
juridique de répression et d'exclusion. Désormais,
ces Apôtres de Satan qui se disent Pauvres du Christ,
sont systématiquement recherchés et poursuivis,

La décrétale
de Vérone,
promulguée par le
pape Lucius III à la
suite de son accord
avec l'empereur
Frédéric en 1184,
coordonne les mesures
antihérétiques
élaborées au cours

du XIIᵉ siècle, et
organise l'inquisition
épiscopale. Les
évêques devront
systématiquement et
régulièrement visiter
les paroisses de leur
diocèse et recevoir
le témoignage sous
serment des
populations, à propos
de l'activité des
hérétiques. C'est
un premier pas
vers l'Inquisition
proprement dite, que
mettra en place le pape
Grégoire IX en 1233
(ci-contre).

condamnés et exécutés, par le pouvoir judiciaire des évêques en leur diocèse.

Le concile de Reims de 1157 et la décrétale de Vérone de 1184 organisent cette inquisition épiscopale et coordonnent les premières mesures antihérétiques à l'échelle européenne. A Vézelay (1167), à Reims (1180), à Strasbourg, Lille, Douai, La Charité-sur-Loire et ailleurs, des bûchers flambent.

La pratique du bûcher pour les hérétiques est toute médiévale (ci-dessous, scène de la croisade contre les albigeois). Au IVe siècle encore, Priscillien d'Avila avait été décapité. Le feu répond, comme moyen

Les brûlés sont des femmes comme des hommes, de simples laïcs et bourgeois mais aussi des clercs lettrés des églises. Vers 1200, à Nevers, c'est le doyen du chapitre épiscopal lui-même qui est condamné pour hérésie; son neveu, le chanoine Guillaume, s'enfuit avec un compagnon vers le Languedoc, où les Bons Hommes vivent encore en paix.

Toulouse, l'hérétique

A Toulouse, tant que Raimond V, bon catholique, est comte, le pape peut envoyer des légations et le légat du pape intervenir par prédication musclée épaulée de la force. Ainsi en 1178 et 1181 le légat Henry de Marcy, abbé cistercien de Clairvaux, peut humilier un bourgeois de Toulouse convaincu d'hérésie, et peut même forcer à l'abjuration le propre évêque cathare de Toulousain, dont il fait aussitôt un chanoine de Saint-Sernin, mais ne peut qu'excommunier de loin le vicomte Trencavel et son épouse Azalaïs.

Comte à partir de 1194, Raimond VI de Toulouse, aussi tolérant – ou indifférent – envers les Bons Hommes que son père ne l'était pas, fait cesser toute pression sur leur Eglise. Désormais, prélats cisterciens et légat du pape n'ont plus que le poids de

d'assainissement à la problématique qui se répand de l'hérésie assimilée à une contagion, peste ou lèpre, la «pestilence hérétique». Réduire en cendres l'hérétique, mort ou vif, est aussi, du point de vue religieux, marquer le signe de sa damnation éternelle. L'hérétique n'est pas «inscrit au livre de Vie». Il ne participe pas à la résurrection de la chair au jour du Jugement dernier. A gauche, bulle pontificale, à l'effigie de Pierre et Paul.

La légende du miracle du livre de saint Dominique est clairement d'origine catholique. Lors d'un débat théologique contradictoire comme il s'en pratiquait en Languedoc avant la croisade, docteurs cathares et catholiques n'ayant pu être départagés par les témoins laïques, Dominique aurait confié au jugement de Dieu par le feu les deux libelles ; les propositions hérétiques auraient été réduites en cendres, alors que le fascicule orthodoxe, à plusieurs reprises, aurait jailli indemne des flammes, jusqu'à heurter et noircir une poutre du plafond. Les théologiens cathares, qui ne croyaient ni aux miracles ni à l'ordalie, n'auraient en fait pu accepter un tel marché. Cette légende illustre bien, pourtant, le climat de tension intellectuelle qui régnait avant l'irruption de la guerre ; il devait être extrêmement difficile, effectivement, de donner la victoire à l'un ou l'autre camp, qui s'envoyaient à la tête des citations des Ecritures et des arguments d'ordre grammatical.

leur contre-prédication à opposer en Languedoc à l'évangélisme hérétique. Ils échouent à peu près totalement. De libres confrontations théologiques ont lieu, sous l'arbitrage et la protection des seigneurs locaux, à l'anticléricalisme bien ancré. Ainsi à Carcassonne, à Montréal, à Servian où l'ancien chanoine Guillaume de Nevers se montre l'un des meilleurs orateurs cathares, à Fanjeaux, à Pamiers. La vocation de frère Dominique naîtra du cœur de ces débats contradictoires ; assistant un jour de 1206, le deuil au cœur, à la déconfiture des prélats du pape, maître Raoul de Fontfroide et le légat Pierre de Castelnau, il est frappé par l'image apostolique qu'offrent en contraste les hérétiques : il décide d'employer leurs propres armes et de partir à la reconquête des consciences chrétiennes du Languedoc en prêchant dans l'humilité et dans la pauvreté.

Mais l'initiative de Dominique, qui aboutira à la fondation de l'ordre des frères prêcheurs ou dominicains, ne parviendra pas à porter ses fruits dans le libre débat. La guerre vient dès 1209 sceller le constat d'échec de la contre-prédication catholique. Tandis que sur la place publique du *castrum* de

Laurac, dont la dame est supérieure d'une maison de Bonnes Femmes, le diacre cathare Isarn de Castres discute théologie avec vaudois et catholiques ; que toute l'aristocratie de Fanjeaux, dames, chevaliers et coseigneurs, s'est engouée des brillantes prédications du Fils majeur de Toulousain, Guilhabert de Castres, coadjuteur de l'évêque cathare Gaucelm, le pape de Rome prépare un rétablissement de l'ordre.

Innocent III

Innocent III, pape depuis 1198, est un très grand personnage. Juriste de formation, il porte à son point culminant l'idéologie de la théocratie pontificale ; il proclame ainsi la «plénitude du pouvoir» du Saint Siège sur les souverains et, «la direction du monde» lui ayant été confiée par Dieu, s'affirme «chef de l'Europe». On peut considérer qu'il consacra ses dix-huit ans de règne à réorganiser la chrétienté à sa guise. Moins qu'aucun de ses prédécesseurs, il ne peut accepter de voir des pans entiers de cette chrétienté tourner en dérision les sacrements de Rome, baptême comme eucharistie, refuser de payer ses dîmes, ridiculiser ses légats. Par le concile du Latran de 1215, il définit le cadre strict d'une orthodoxie et d'une communauté des fidèles, en dehors de quoi ne s'étendent que les ténèbres de l'exclusion et de la damnation éternelle. Rejetés du secours de Dieu et de la solidarité de la société, hérétiques réfractaires au Credo romain et marginaux sans feu ni lieu sont excommuniés et soumis à un pouvoir judiciaire de droit divin.

Mais le nom d'Innocent III

Lothaire Conti di Segni, pape sous le nom d'Innocent III (ci-contre), fut un grand juriste doublé d'un habile politique. Sur le plan spirituel, on lui doit essentiellement une reconnaissance des vocations évangéliques et pauvres de Dominique de Guzman et de François d'Assise, qui aboutira à la fondation des ordres mendiants, dominicains ou frères prêcheurs et franciscains ou frères mineurs, qui allaient marquer le renouveau de religiosité chrétienne. Trente ans plus tôt, l'intransigeance de l'Eglise avait rejeté Vaudès de Lyon et les vaudois dans le schisme puis l'hérésie. La lutte contre l'hérésie et les bûchers qui l'accompagnent survivront jusqu'au XVIIIe siècle (ci-dessus, un condamné coiffé d'une mître enduite de poix).

La croisade, ouverte par le massacre de Béziers, aussitôt jeta l'effroi, que propagea la pratique des grands bûchers collectifs ordonnés par le légat du pape, Arnaud Amaury, abbé de Cîteaux. Ce même prélat, comme l'a montré l'historien Jacques Berlioz, avait manifesté à Béziers sa bonne culture religieuse en tirant des Psaumes le thème de son célèbre slogan : «Massacrez-les, car Dieu connaît les siens!» Sur le même thème, il écrivit encore au pape Innocent III : «La vengeance de Dieu a fait merveille, on les a tous tués…» Ci-contre un supplice d'hérétiques, à Paris, en présence de Philippe Auguste.

reste surtout attaché à l'événement de la croisade contre les albigeois.

En 1208, saisissant contre Toulouse le prétexte de l'assassinat de son légat, le cistercien Pierre de Castelnau, Innocent III appelle les guerriers de l'Occident à une croisade en terre chrétienne. C'est l'aboutissement de l'esprit de croisade, mis en œuvre depuis la fin du XIᵉ siècle contre les infidèles. Sont désormais exposés et mis en proie les terres et les biens des seigneurs qui protègent ouvertement l'hérésie : il est licite de les déposséder, juste de les exterminer, et cela, «Dieu le veut».

Indulgences célestes pour ses péchés et récompenses bien matérielles en ce monde sont promises au guerrier qui vengera par les armes l'honneur de Dieu. Le roi de France, Philippe Auguste, n'a plus d'argument à opposer encore à l'entreprise du

pape contre ses grands vassaux de Languedoc; il doit laisser ses barons se croiser contre le comte Raimond VI de Toulouse et contre son neveu, le jeune vicomte de Carcassonne, Albi et Béziers, Roger Trencavel.

La croisade contre les albigeois

De 1209 à 1229, ce fut une guerre de vingt ans qui laboura le pays, entre vallée du Rhône et Quercy. Sa première phase, la croisade des barons, se solda par un échec pour le pape. Malgré de grands bûchers collectifs de Bons Hommes et de Bonnes Femmes (140 brûlés à Minerve en 1210, 200 aux Cassès, 400 à Lavaur en 1211), des massacres de civils en masse (Béziers en juillet 1209, Marmande en 1229), des prises spectaculaires de villes et de châteaux (Carcassonne et Lavaur, Termes et Minerve) et de grandes batailles de chevalerie (Montgey en 1211, Muret en 1213),

Peu après Béziers, en août 1209, la prise de Carcassonne par les croisés (ci-dessous) vit l'élimination du jeune vicomte, Raimond Roger Trencavel, jeté pour y mourir au fond d'un cachot, et la nomination d'un nouveau vicomte par droit de conquête, Simon de Montfort, qui devenait aussi le chef militaire de la croisade.

l'établissement à Toulouse et Carcassonne, par droit de conquête, d'une nouvelle dynastie comtale soumise à Rome, celle des Montfort, échoua après la

mort devant Toulouse de Simon de Montfort, en 1218. Son fils Amaury ne put tenir tête à la reconquête des princes occitans, soutenue par un véritable soulèvement populaire. En 1224, Amaury de Montfort cédait tous ses droits sur le Languedoc à la couronne de France. Louis VIII de France, fils de Philippe Auguste, s'en saisit aussitôt. Cette guerre, voulue et déclarée par le pape, ce fut ainsi le roi qui devait la gagner.

Mais l'alliance des capétiens, la plus formidable puissance militaire occidentale, allait apporter à la papauté les moyens d'imposer son ordre religieux et moral sur la chrétienté pacifiée et soumise. Le Languedoc, qui avait retrouvé ses seigneurs et ses Bons Hommes, qui commençait à oublier guerre et massacres, ne résista guère à la croisade royale qui déferla à partir de 1226. En 1229 Raimond VII, le jeune comte de Toulouse, se soumettait à l'enfant roi Louis IX et à sa mère, la régente de France Blanche de Castille. Par le traité de Meaux, ratifié religieusement à Notre-Dame de Paris, il acceptait de ne plus tenir son comté que du bon vouloir du roi, s'engageait à poursuivre lui-même l'hérésie et démanteler ses places fortes et abandonnait le bel héritage toulousain à sa fille unique Jeanne, qu'il remettait à la cour de France pour y épouser Alphonse de Poitiers, le plus jeune frère du roi. C'était

Après son éclatante victoire de Muret sur les forces coalisées de Raimond VI et de Pierre d'Aragon (à gauche), qui démontra ses qualités d'homme de guerre, Simon de Montfort (ci-dessous) tourna ses ambitions vers le comté de Toulouse, dont il serait investi, en même temps que des vicomtés Trencavel, par le concile du Latran de 1215. Son but était de fonder une nouvelle dynastie comtale réunissant le Languedoc.

mettre en place le mécanisme infaillible du rattachement du Languedoc à la couronne capétienne. Déjà, à Carcassonne, un sénéchal du roi était substitué à la dynastie des Trencavel, dépossédés et exilés en Aragon, c'est-à-dire *faydits* comme la plupart de leurs vassaux.

Raimond VII de Toulouse, dit le jeune comte, était lui aussi un vaillant capitaine et un bon stratège. Dès 1216, il se signala à la tête de la reconquête occitane

Le début de la clandestinité

En 1229, après vingt années de guerre, alors que Carcassonne était française et que le comte de Toulouse se soumettait à Paris, l'Eglise cathare était bien vivante. Ni la croisade ni les bûchers collectifs n'avaient enrayé son dynamisme, désormais auréolé de la gloire du martyre; une guerre n'est pas le meilleur moyen de déraciner une foi. Mais l'élimination, par la croisade royale, de la caste aristocratique méridionale qui était son soutien actif ouvrait un processus de crise irréversible pour l'Eglise interdite. Bons Hommes et Bonnes Femmes, diacres et évêques, avec la complicité de leurs

et prit en étau ses ennemis entre Beaucaire et Toulouse au cri de «Paratge!», qui désignait la noblesse de cœur, valeur égalitariste que partageaient ses partisans. Il finit par renvoyer les Montfort en Ile de France en 1224. Comme son père Raimond VI à Saint-Gilles en 1209, il dut pourtant s'humilier devant l'Eglise, à Notre-Dame de Paris, en 1229 (ci-dessus).

croyants des bourgades et sous la protection de bandes de *faydits* armés, passèrent dans la clandestinité. De cette clandestinité, l'Eglise romaine triomphante entendait bien les débusquer en remontant les filières des complicités, en détruisant les réseaux de solidarité de cette société mal soumise. Ce fut l'office de la première bureaucratie moderne, mise au point par les juristes de droit romain de la curie pontificale et des écoles de Toulouse : le tribunal d'Inquisition.

La révolte de Bernard Délicieux (ci-dessus) et la rage carcassonnaise des années 1300 illustrent une certaine divergence d'attitude entre franciscains et dominicains. Associés d'abord à l'Inquisition, les frères mineurs n'allaient pas tarder à se scinder, dans le Midi, entre «conventuels» soumis à Rome et «spirituels» se réclamant de la pauvreté et de la non-violence absolue du *poverello* d'Assise. L'Inquisition ne tarda pas à faire brûler des franciscains spirituels.

Les ordres mendiants et l'Inquisition

Se substituant aux cours de justice de l'ordinaire des évêques, jugés trop impliqués dans les intérêts de leurs diocèses, et confiée aux jeunes ordres mendiants, dominicains et franciscains, cette procédure d'«Enquête sur la perversité hérétique» comme on l'appela *(Inquisitio heretice pravitatis)*, qui se fondait sur le recoupement des témoignages et qui autorisait l'accusé à se défendre, constitua indéniablement un progrès en matière de justice religieuse, par rapport aux techniques germaniques d'ordalie par l'eau ou le fer rouge. Elle eut une efficacité aiguë.

En effet, épaulant son action judiciaire par son pouvoir pénitentiel, ce tribunal religieux qui ne dépendait que du pape fonctionna comme un véritable confessionnal itinérant et obligatoire, utilisant les confessions religieuses comme autant de dépositions judiciaires concernant les hérétiques clandestins et leurs protecteurs cachés. Escortés de soldats, secondés de scribes et de notaires, les juges, dans chaque village, interrogeaient toute la population adulte, faisaient appel à la délation contre la pestilence hérétique, ce crime de lèse-majesté envers Dieu.

L'Inquisition tua peu. Là n'était pas son rôle. Pour éliminer l'Eglise interdite, il lui suffisait de capturer et de livrer à la mort son clergé clandestin. Elle enquêta, intimida, érigea la délation en système, confisqua des biens, emprisonna croyants et croyantes, pourchassa l'hérétique. Ses bûchers individuels succédèrent aux fournaises collectives de la croisade. Ses notaires copièrent soigneusement les milliers de dépositions des villages dans de gros registres fichiers, dont un certain nombre nous sont parvenus, offrant ainsi à l'historien une masse de documentation assez extraordinaire sur la population qui reçut et vécut le drame cathare.

Ce qui fit l'efficacité des procédures de l'Inquisition, ce fut sa pratique réellement moderne de l'enregistrement des dépositions. Certains registres, portant en marge des noms pour des recoupements de témoignages, fonctionnaient comme de véritables fichiers d'enquête. Après l'attentat d'Avignonet (1242), le tribunal religieux cessa d'être itinérant et se fixa, en siège d'Inquisition, dans les cités épiscopales. Ce furent les populations villageoises qui furent emmenées, pour être interrogées, devant les inquisiteurs d'Albi, de Toulouse, ou de Carcassonne.

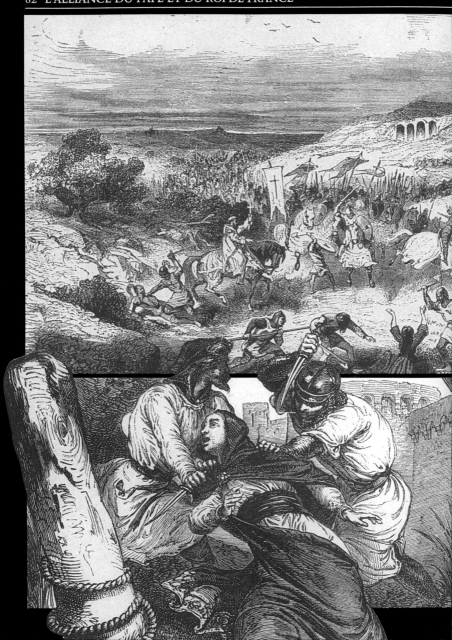

La croisade – de 1209 à 1229 – fut affrontement d'atrocités. Au meurtre du légat du pape, Pierre de Castelnau, en 1208, par quelqu'un qui avait intérêt à la guerre (en bas à gauche), répondit le massacre de Béziers de juillet 1209 (ci-contre) et tout un long cortège de sièges de villes et de captures de civils (en bas à droite). Autant que les bûchers collectifs, les mutilations de blessés avaient pour but de semer l'effroi. Ainsi, sur ordre de Simon de Montfort, la longue procession vers Cabaret des cent prisonniers de Bram, yeux crevés, nez et lèvres coupés, menés par un malheureux à qui on avait laissé un œil. L'imagerie romantique devait s'emparer du sujet (faux gisant de Simon de Montfort).

Montségur et le rattachement du Languedoc à la France

Le comte de Toulouse tenta longtemps de secouer le joug du traité de 1229 qui le soumettait au pape et au roi ; ses tentatives stratégiques de remariage, avec Sancie de Provence ou Marguerite de la Marche, dans le but de voir naître un fils, furent constamment déjouées par le Saint-Siège ou se heurtèrent à une tenace malchance, si bien que le comte, séparé de Sancie d'Aragon, demeura célibataire et que l'héritage de Jeanne ne put être remis en question. Raimond VII, pourtant, savait pouvoir compter sur le soutien des populations méridionales, qui supportaient mal la terreur inquisitoriale. Un véritable soulèvement populaire chassa même de Toulouse, en 1235, les dominicains inquisiteurs qui allaient jusqu'à déterrer des cimetières, pour les livrer à des bûchers posthumes, les cadavres dénoncés comme hérétiques. Le comte agit politiquement, se gagna, contre le roi de France, les alliances du roi d'Angleterre et du comte de la Marche, et donna un signal à la révolte populaire alors qu'il entrait en guerre, en mai 1242.

Ce signal vint de Montségur, au moyen de l'exécution, par un commando de *faydits*, des inquisiteurs qui stationnaient avec leur suite à Avignonet en Lauragais. Le juge dominicain et le juge franciscain furent supprimés, leurs registres mis en pièces, et le pays se

Le beau petit château qui occupe le sommet du pog – ou pech – de Montségur n'est pas de l'époque des cathares. Il fut construit à la fin du XIIIe siècle ou au début du XIVe siècle par un descendant de Gui de Lévis, un compagnon de Simon de Montfort, à qui la seigneurie de Mirepoix et du pays d'Olmes revint par droit de conquête. Le Montségur de Raimond de Péreille, qui subit le siège de 1244, était un castrum de montagne, un village fortifié groupé autour de sa tour seigneuriale, et habité par environ cinq cents personnes – dont plus de deux cents religieux et religieuses cathares. L'archéologie restitue la physionomie de ce village étagé en vertigineuses terrasses, et les humbles objets de son quotidien.

souleva, croyant se libérer définitivement de l'Inquisition. Mais les alliés de Toulouse furent battus par l'armée française à Saintes et Taillebourg; en mai 1243, le comte signait à Lorris, avec Louis IX, une nouvelle paix par laquelle il s'engageait à décapiter définitivement le dragon. L'hydre de l'hérésie, dont les têtes perfides renaissaient sans cesse, était symbolisée, aux yeux des autorités royales et catholiques, par le *castrum* rebelle de Montségur.

«Tête et siège» de l'Eglise hérétique depuis qu'effectivement, en 1232, les évêques cathares de Toulousain et Razès y avaient obtenu l'asile de Raimond de Péreille, seigneur du lieu, le *castrum* pyrénéen de Montségur était aussi un nid de *faydits* déterminés, au service des intérêts du comte de Toulouse et engagés contre l'Inquisition. Cette chevalerie de Montségur s'était signalée par le raid d'Avignonet, que la papauté ne pardonnerait jamais.

Montségur était protégé par sa situation escarpée. Quinze chevaliers et cinquante hommes d'armes purent y tenir tête, durant près d'un an, à une armée de plusieurs milliers d'hommes bien équipés (ci-dessus, pierre dite «du siège»). Après le bûcher du 16 mars 1244, l'Inquisition interrogea les survivants. Grâce à leurs témoignages et à ceux de l'archéologie, l'histoire vraie de Montségur émerge désormais de tout un fatras de faux mystères.

Raimond VII, vaincu, ne put empêcher qu'une grande armée de croisade, commandée par le sénéchal royal de Carcassonne, ne vînt assiéger la place dès l'été 1243. La chute de Montségur, marquée le 16 mars 1244 par le bûcher de plus de deux cents Bons Hommes et Bonnes Femmes, signifia la fin des résistances du comte de Toulouse. Il mourut en 1249, sans avoir pu secouer l'inéluctable du traité de Meaux-Paris. Sa fille unique, la comtesse Jeanne et son gendre Alphonse de Poitiers lui succédèrent comme il était prévu; le couple mourut sans héritier en 1271, et le comté de Toulouse fut sénéchaussée française, comme l'était déjà depuis un demi-siècle la vicomté de Carcassonne et Béziers. La croisade, guerre sainte appelée par le pape contre les protecteurs des hérétiques albigeois, avait abouti au rattachement du Languedoc à la France de saint Louis.

Aiguisé par la pratique de l'Inquisition et son travail d'élaboration intellectuelle des nouvelles normes dogmatiques de la chrétienté, l'ordre dominicain, partout présent en Europe, était désormais le principal outil de l'*Ecclesia militans*, normalisatrice et triomphante. (Ci-dessous).

La dernière clandestinité

Dans les flammes de Montségur avait disparu, parmi la foule des communautés religieuses du lieu, tout ce que les Eglises cathares occitanes comptaient encore de hiérarchie épiscopale : l'évêque de Toulousain, Bertrand Marty, l'évêque de Razès, Raimond Agulher, leurs Fils, leurs diacres. L'événement marqua la fin de toute Eglise cathare organisée en Languedoc. La dernière clandestinité ne pouvait être que désespérée. On assista à des vagues d'abjuration et d'exil.

Croyants trop compromis et Bons Chrétiens trop isolés prirent le chemin de l'Italie, où le conflit des gibelins, partisans de l'empereur Frédéric, contre les guelfes, partisans du pape, avait longtemps préservé pour le christianisme cathare un espace de sursis. Une hiérarchie occitane s'y reconstitua tant bien que mal. Quelques Bons Hommes courageux s'en firent ordonner, dans le but de revenir porter la bonne parole au pays; mais, au pays, l'Inquisition fonctionnait désormais sans résistance et il était bien difficile de passer par maille alors que les derniers réseaux de solidarité s'effilochaient dans une société encadrée et quadrillée. La prédication des ordres mendiants, à la messe obligatoire des dimanches, prenait le relais de l'évangélisme interdit des Bons Hommes. Dans le même temps, la somme théologique du dominicain Thomas d'Aquin et l'outil intellectuel de la scolastique consacraient l'édification d'une orthodoxie codifiée et verrouillée; la seconde moitié du XIIIe siècle voyait ainsi la disparition programmée du catharisme.

Ce croquis médiéval révèle de manière réaliste comment les condamnés au bûcher étaient attachés, mains liées, à un poteau. Le registre d'Inquisition de Jacques Fournier rapporte ainsi les circonstances de l'exécution, sur la place publique de Pamiers, au début du XIVe siècle, de l'hérétique (vaudois) Raimond de la Coste : lorsque les cordes qui le retenaient eurent été rongées par le feu, celui-ci ramena ses mains devant lui et les éleva pour prier et bénir la foule. «C'est un crime de brûler un si bon chrétien», aurait grondé la foule.

Simple mouvement de révolte, le catharisme aurait pu plier et survivre. Eglise organisée en ordre épiscopal rigide, il fut brisé net par la chasse à l'homme inquisitoriale et éliminé de l'histoire à la fin du Moyen Age. N'en déplaise aux diverses sectes qui depuis le XIXe siècle revendiquent absurdement son héritage.

CHAPITRE V
L'ÉLIMINATION DU CATHARISME

Ce fut effectivement dans les cachots de l'Inquisition, les Murs (à gauche) où les simples croyants achevaient leurs jours, que disparut au XIVe siècle le catharisme occitan. Les croyants relaps étaient condamnés au bûcher, au même titre que les hérétiques eux-mêmes – c'est-à-dire les Bons Hommes.

Le dernier face-à-face

L'aube du XIVᵉ siècle trouva pourtant le catharisme
encore bien vivant en Occitanie. Alors que le monde
avait changé, que la tumultueuse société vivant
dans les *castra*, qui un siècle plus tôt unissait
parentèles aristocratiques, dames, boutiquiers et
paysans dans le respect des Bons Chrétiens des
bourgades, avait cédé la place à un ordre seigneurial
hiérarchisé sous l'autorité royale, tandis que l'Europe
des monarchies centralisatrices déjà tendait à
s'affranchir des prétentions de la théocratie
pontificale, le vieux catharisme
prêchait encore que le monde, qui n'est
pas de Dieu, ne pouvait reconnaître la
vraie Eglise de Dieu, et que l'Eglise
persécutrice ne pouvait pas davantage
constituer l'Eglise du Christ qu'un
mauvais arbre porter de bons fruits.

Un ultime sursaut réveilla en effet
les ferveurs populaires. Entre 1300
et 1310, une petite Eglise se reconstitua
entre Pyrénées et Quercy, entre
Gascogne et Lauragais, qui bénéficia du
soutien actif d'une population croyante
encore nombreuse et fervente, comme
si la braise ne demandait qu'un souffle
pour s'enflammer. L'initiative vint de
Pierre et Guilhem Authié, deux frères
de la bonne société du comté de Foix,

des notaires d'Ax qu'une vocation subite et profonde poussa à chercher, au refuge de l'Italie, l'enseignement et l'ordination des derniers lambeaux de hiérarchie cathare encore existants. Ils en revinrent Bons Hommes peu avant 1300, et entamèrent une reconquête religieuse méthodique, s'appuyant sur leurs familles et clientèles, réactivant les vieux réseaux endormis ; ils ne furent pas loin de réussir.

Mais ce fut à une véritable et poignante course de vitesse que se livrèrent Bons Hommes et inquisiteurs. Le seul espoir de la petite Eglise résidait dans sa capacité à essaimer. Pierre Authié s'activa à

Le monarque français et ses officiers apparurent parfois, aux yeux des populations languedociennes, comme une protection contre les exactions de l'Inquisition (à gauche, le roi de droit divin, tel que le voyait le XIIIᵉ siècle).

Notaire comtal avant sa conversion, et familier du comte Roger Bernard III de

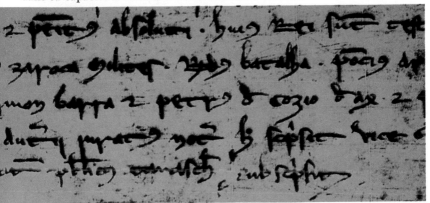

susciter des vocations, à enseigner, à ordonner de nouveaux religieux, capables à leur tour d'évangéliser et de baptiser ; les inquisiteurs, Geoffroy d'Ablis à Carcassonne, Bernard Gui à Toulouse, répondirent par des opérations de police aussi massives que minutieuses. L'un après l'autre, de Montaillou à Toulouse, les derniers Bons Hommes furent capturés, jugés et brûlés sur le parvis des cathédrales. Ce fut ainsi que mourut le catharisme, victime aussi de sa rigidité d'Eglise, de son incapacité à renouveler ses cadres dans la hâte et l'angoisse de la traque.

Simple mouvement de protestation, il aurait pu plier et survivre clandestinement ; Eglise constituée et hiérarchisée, avec clergé et sacrement, il put être brisé. Le jour où le dernier Bon Homme disparut dans

Foix, Pierre Authié est l'auteur de plusieurs textes officiels concernant le paréage d'Andorre. L'original de cet acte de 1284 a été écrit de sa main. On aimerait que cette copie contemporaine qui porte son nom : Petrus Auterii (avant-dernière ligne, à gauche), soit aussi un autographe, le seul qu'on posséderait d'un Bon Homme cathare du Languedoc, et non des moindres.

les flammes d'un bûcher, que ce fut Pierre Authié devant la cathédrale Saint-Etienne de Toulouse en avril 1310 ou Guilhem Bélibaste à Villerouge-Termenès en 1321, son Eglise disparaissait avec lui – même si la foi d'un certain nombre de croyants restait bien vive. Personne ne pouvait spontanément s'improviser Bon Chrétien, sans l'enseignement et l'imposition des mains d'un autre Bon Chrétien lui transmettant l'Esprit saint.

Les registres d'Inquisition nous ont conservé l'un des thèmes essentiels de la prédication de Pierre Authié, qui répond en écho, par-dessus deux siècles,

Les stigmates de saint François sont le symbole de la mystique franciscaine de l'incarnation.

aux Apôtres rhénans d'Evervin de Steinfeld : «Il y a
deux Eglises, l'une fuit et pardonne, l'autre possède
et écorche.»

L'effacement de l'histoire

L'Inquisition eut raison de l'Eglise cathare occitane
dans le premier tiers du XIVe siècle. Ne subsistèrent
bientôt, dans les mentalités populaires méridionales,
qu'un ressentiment anticlérical qui se montra
durable et le souvenir de littéralités évangéliques
qui purent, le moment venu, fertiliser le terreau pour
l'éclosion de la Réforme protestante. Entre-temps,
la spiritualité chrétienne occidentale s'était, en fait,
renouvelée de fond en comble, dans le cadre de
l'orthodoxie codifiée du thomisme, grâce à l'apport
de la neuve mystique franciscaine. Fondant la
grandeur de Dieu sur l'incarnation et l'humanité
souffrante du Christ, l'imagerie gothique de la
Passion relégua le vieux catharisme roman au rang
des religiosités d'un autre âge – d'un temps où toute
la chrétienté était empreinte de manichéisme.
Peut-être, s'il n'avait pas été persécuté et éliminé,
le christianisme cathare se serait-il étiolé lentement
de lui-même?

D'Italie, où l'Inquisition avait fonctionné avec
un décalage d'au moins une génération, il ne fut
déraciné complètement qu'au début du XVe siècle.
En Bulgarie et en Bosnie, où il ne fut jamais
réellement persécuté, ce fut sous l'éteignoir de la
conquête turque qu'il disparut à la fin du XIVe siècle.
De France et des pays germaniques, où une
persécution permanente ne lui avait jamais permis
de s'implanter en profondeur, il avait été extirpé par
la violence de missions pré-inquisitoriales
sanguinaires vers le premier tiers du XIIIe siècle.

Les registres
d'Inquisition du
XIIIe siècle (ci-dessus),
par le caractère massif
de leur documentation,
permettent des
évaluations chiffrées.
Ceux du XIVe siècle
sont plus riches en
détails. Le registre de
Jacques Fournier (1318-
1325) nous permet
ainsi de reconstituer le
quotidien des derniers
Bons Hommes traqués,
d'entendre un écho de
leur prédication
souvent non exempte
d'humour. Ainsi
Guilhem Bélibaste,
expliquant qu'il devait
jouer les catholiques
pour tromper les
espions éventuels :
«Après tout, on peut
prier Dieu dans une
église aussi bien
qu'ailleurs. [...]
L'hostie? il faudrait
bien peu d'appétit pour
ne pas manger ce petit
gâteau!»

Le bûcher de Montségur de 1244 répondait au bûcher de 1239 du mont Aimé, en Champagne.

Le recul de l'histoire

L'histoire de l'hérésie ne fut longtemps écrite que par des auteurs appartenant au camp de ses vainqueurs, des théologiens catholiques, et sur la foi de documents antihérétiques, essentiellement les grandes sommes que les dominicains inquisiteurs du XIIIe siècle italien avaient rédigées pour la réfuter et l'accabler. A partir du XIXe siècle, cette tradition négative s'assortit de tout un échafaudage de mythes et spéculations ésotériques, encore vivaces aujourd'hui.

Le regard de l'historien est nécessairement apaisé. Sa vocation n'est pas de venir à son tour exclure ou couronner, plaindre les victimes et juger les bourreaux du passé. Elle est de tenter de constituer un pont entre les vivants d'aujourd'hui et ceux d'hier ou d'avant hier. Aujourd'hui, dans le domaine du catharisme, cette démarche peut s'étayer sur une quantité et une qualité de matériaux bien supérieures à ceux dont disposaient les commentateurs du XIXe siècle, qui ne pouvaient que répéter, après les inquisiteurs, que les cathares étaient des manichéens médiévaux, nuisibles et dangereux pour l'avenir de l'Occident chrétien – ou même des mages orientaux, détenteurs des secrets d'Osiris et de Pythagore.

La découverte récente – elle date du milieu du XXe siècle – et la progressive prise en compte de documents d'origine authentiquement cathare, deux traités et trois rituels, viennent de réorienter les perspectives sur la grande hérésie médiévale, qui apparaît en fait infiniment plus proche de sa cousine germaine, la religiosité catholique, que l'on ne l'imaginait. Rendue au seul contexte de la culture chrétienne

Au cours des siècles, le caractère simplement chrétien et même néo-testamentaire du catharisme devait être masqué sous des travestissements orientaux, manichéens, voire bouddhistes. L'histoire médiévale le rend aujourd'hui à son contexte, ce christianisme roman méridional, dans lequel il s'inscrivit si bien (ci-contre).

du Moyen Age, l'hérésie est en
même temps dévoilée dans le vécu de ses
croyants et de ses familiers, un peuple chrétien assez
ordinaire, par l'exploitation de l'extraordinaire mine
d'informations que constituent les archives de
l'Inquisition.

Le travail historique, qui est de confronter entre
elles, d'un regard critique, des ensembles de sources
écrites, et d'éclairer les informations qu'elles
apportent par la lumière de leur contexte historique
large, ne peut en ce domaine que dégager la
silhouette de l'hérétique médiéval des écharpes de
médisance et de mythes qui la déformaient,
et lui rendre peu à peu sa parole de non-violence
évangélique au sein du christianisme des cathédrales.
Apôtres de Satan ou Pauvres du Christ, cathares ou
Bons Hommes ont assez témoigné pour leur foi,
pour que respect leur soit rendu.

Le bûcher de
Montségur, dont
le site et la grandeur
ont été redécouverts
et popularisés au
XIXe siècle par le
pasteur Napoléon
Peyrat, le «Michelet
du Midi», doit rester
un symbole. Pas tant
celui de la lutte d'un
peuple (le catharisme
n'est pas une ethnie)
pour sa liberté (notion
peu médiévale), que
d'une mise en garde
devant la perpétuelle
tentation de
l'intolérance.

TÉMOIGNAGES
ET DOCUMENTS

«Avant d'être brûlé, Pierre Authié déclara
que si on le laissait encore prêcher à la foule
il la convertirait tout entière à sa foi.»

Registre de Jacques Fournier

Ecritures cathares

Le rituel cathare est bien connu à travers les trois manuscrits de Lyon, de Florence et de Dublin, ainsi que par les nombreux témoignages de l'Inquisition. Il repose principalement sur trois cérémonies : la transmission de l'oraison dominicale, le service et enfin le Consolament à proprement dit.

Le rituel occitan de Lyon

Le service ou aparelhament était une liturgie de pénitence collective administrée par le diacre lors de sa visite mensuelle dans la communauté.

Nous sommes venus devant Dieu et devant vous et devant l'Ordre de la sainte Eglise, pour recevoir service et pardon et pénitence de tous nos péchés, que nous avons faits, ou dits, ou pensés, ou opérés depuis notre naissance jusqu'à maintenant, et demandons miséricorde à Dieu et à vous pour que vous priiez pour nous le père Saint qu'il nous pardonne.

Adorons Dieu et manifestons tous nos péchés et nos nombreuses graves offenses à l'égard du Père et du Fils, et de l'honoré Saint-Esprit, et des honorés saints Evangiles, et des honorés saints Apôtres, par l'oraison et par la foi, et par le salut de tous les loyaux glorieux chrétiens, et des bienheureux ancêtres qui dorment (dans leurs tombeaux), et des frères qui nous environnent, et devant vous, saint Seigneur, pour que vous nous pardonniez tout ce en quoi nous avons péché. *Benedicite parcite nobis*. [...] O Seigneur, juge et condamne les vices de la chair, n'aie pas pitié de la chair née de corruption, mais aie pitié de l'esprit mis en prison, et administre-nous des jours et des heures de demandes de grâces, et de jeûnes, des oraisons et des prédications, comme c'est la coutume des bons chrétiens, pour que nous ne soyons ni jugés ni condamnés au jour du jugement comme les félons. *Benedicite parcite nobis*.

Réception du Consolament

Le Consolament ou baptême spirituel était l'unique sacrement pratiqué par les cathares.

Et s'il doit être *consolé* sur-le-champ, qu'il fasse son *melhorier* (sa «vénération») et qu'il prenne le livre de la main de l'ancien. Celui-ci doit l'admonester et le prêcher avec témoignages convenables et avec telles paroles qui conviennent à une «Consolation». Qu'il lui parle ainsi :

«Pierre, vous voulez recevoir le baptême spirituel (*lo baptisme esperital*), par lequel est donné le Saint-Esprit en l'église de Dieu, avec la sainte oraison, avec l'imposition des mains des «bons hommes». [...]

Ce saint baptême par lequel le Saint-Esprit est donné, l'Eglise de Dieu l'a maintenu depuis les apôtres jusqu'à ce jour, et il est venu de «bons hommes» en «bons hommes» jusqu'ici, et elle le fera jusqu'à la fin du monde.

Et vous devez entendre que pouvoir est donné à l'Eglise de Dieu de lier et de délier, de pardonner les péchés et de les retenir, comme le Christ le dit, dans l'évangile de saint Jean (xx, 21-23) : «Comme le Père m'a envoyé, je vous envoie aussi.» Lorsqu'il eut dit ces choses, il souffla sur eux et leur dit : «Recevez le Saint-Esprit; ceux à qui vous pardonnez les péchés, ils leur seront pardonnés, et ceux à qui vous les retiendrez, ils seront retenus.» [...]

Ensuite le croyant doit faire sa vénération (*melhorier*) et dire : «*Parcite nobis*. Pour tous les péchés que j'ai pu faire, ou dire, ou penser, ou opérer, je demande pardon à Dieu, à l'Eglise et à vous tous.» Que les chrétiens disent alors : «Par Dieu et par nous et par l'Eglise qu'ils vous soient pardonnés, et nous prions Dieu qu'il vous pardonne.» Après quoi ils doivent le consoler. Que l'Ancien prenne le livre (les Evangiles) et le lui mette sur la tête, et les autres «bonshommes» chacun la main droite, et qu'ils disent les *parcias* et trois *adoremus*, et puis : *Pater sancte, suscipe servum tuum in tua justitia, et mitte gratiam tuam et spiritum sanctum tuum super eum.* Qu'ils prient Dieu avec l'Oraison, et celui qui guide le service divin doit dire à voix basse la «sixaine»; et quand la sixaine sera dite, il doit dire trois *Adoremus* et l'Oraison une fois à haute voix, et puis l'évangile (de Jean). Et quand l'évangile est dit, ils doivent dire trois *Adoremus* et la *gratia* et les *parcias*. Ensuite ils doivent faire la paix (s'embrasser) entre eux et avec le livre. S'il y a des «croyants», qu'ils fassent la paix aussi, et que les «croyantes», s'il y en a, fassent la paix avec le livre et entre elles. Et puis qu'ils prient Dieu avec *double* (oraison) et avec *veniae* (demandes de grâce) et la cérémonie est terminée.

R ituel cathare de Dublin, prédication sur l'église de Dieu.

«Le Rituel occitan de Lyon», *in* René Nelli, *Ecritures cathares*, Editions du Rocher, 1995

Le rituel occitan de Dublin

Ce rituel est composé de deux textes : une glose du Pater et une prédication sur la vraie Eglise de Dieu définie par contraste avec la «méchante Eglise romaine».

Cette Eglise souffre les persécutions, les tribulations et le martyre pour le nom du Christ, car lui-même les souffrit dans la volonté de racheter et sauver son Eglise et lui montrer en actes comme en paroles que, jusqu'à la fin des siècles, elle devrait souffrir persécution, honte et malédiction, comme il le dit dans l'évangile de saint Jean (Jo XV, 20) : «S'ils m'ont persécuté, ils vous persécuteront aussi.» Et dans l'évangile de saint Matthieu il dit (Mt V, 10-12) : «Bienheureux ceux qui souffrent les persécutions pour la justice, car le royaume du ciel leur appartient. Vous serez bénis quand, pour moi, les hommes vous maudiront, vous persécuteront et diront contre vous toute la malfaisance de leurs mensonges; donc réjouissez-vous et exultez, car votre récompense est abondante dans le ciel; car ainsi ils persécutèrent auparavant les prophètes.» Et il dit encore (Mt X, 16) : «Voyez, je vous envoie comme des brebis au milieu des loups.» Et encore (Mt X, 22-23) : «Vous serez haïs par tous les hommes à cause de mon nom; celui qui persévérera jusqu'à la fin, celui-là sera sauvé. Et quand ils vous persécuteront dans une cité, fuyez dans une autre.»

Notez à quel point toutes ces paroles du Christ contredisent la mauvaise Eglise romaine; car celle-ci n'est pas persécutée, ni pour le bien ni pour la justice qu'il y aurait en elle; mais au contraire, c'est elle qui persécute et met à mort quiconque ne veut consentir à ses péchés et à ses forfaitures. Et elle ne fuit pas de cité en cité, mais elle a seigneurie sur les cités et les bourgs et les provinces, et elle siège majestueusement dans les pompes de ce monde, et elle est redoutée des rois, des empereurs et des autres barons. Elle n'est nullement comme les brebis parmi les loups, mais comme les loups parmi les brebis et les boucs; et elle fait tout pour imposer son empire sur les païens, les Juifs et les Gentils; et surtout, elle persécute et met à mort la sainte Eglise du Christ, laquelle souffre tout en patience, comme le fait la brebis qui ne se défend pas du loup.

Le Consolament

Mais, à l'encontre de tout cela, les pasteurs de l'Eglise romaine n'éprouvent aucune honte à dire que ce sont eux les brebis et les agneaux du Christ, et ils disent que l'Eglise du Christ, celle qu'ils persécutent, est l'Eglise des loups. Mais c'est là une chose insensée, car de tout temps les loups ont poursuivi et tué les brebis, et il faudrait qu'aujourd'hui tout soit retourné à l'envers, pour que les brebis soient enragées au point de mordre, poursuivre et tuer les loups, et que les loups soient patients au point de se laisser manger par les brebis! [...]

Et c'est pour cela que l'apôtre saint Jean dit (Jo XIII, 13) : «O frères, ne vous étonnez pas que le monde vous haïsse.»

Cette Eglise pratique le saint baptême spirituel, c'est-à-dire l'imposition des mains, par lequel est donné le Saint Esprit; Jean-Baptiste dit (Mt III, 11) : «Celui qui doit venir après moi, celui-là nous baptisera dans le Saint Esprit.» Et ainsi, quand Notre Seigneur Jésus-Christ fut venu du siège de la grandeur pour sauver son peuple, il enseigna à sa sainte Eglise qu'elle baptise les autres de ce saint baptême, comme il le dit dans

Saint Paul. Feuillet d'ivoire provenant du trône dit de Grado, Milan.

l'évangile de saint Matthieu (Mt XXVIII, 19) : «Allez et enseignez à toutes les nations, et baptisez-les au nom du Père et du Fils et du Saint Esprit.» Et dans l'évangile de saint Marc, il leur dit (Mc XVI, 15-16) : «Allez dans le monde entier, et prêchez l'Evangile à toutes les créatures, et celui qui croira et sera baptisé sera sauvé; et celui qui ne croira pas sera condamné.»

Mais la mauvaise Eglise romaine, comme la menteuse et semeuse de mensonges qu'elle est, dit que le Christ entendait par là le baptême de l'eau matérielle, que pratiquait Jean-Baptiste avant que le Christ ne prêche. Ce que l'on peut réfuter par de multiples raisons; car si le baptême pratiqué par L'Eglise romaine était celui que le Christ avait enseigné à son Eglise, alors tous ceux qui ont reçu leur baptême seraient condamnés. Le Christ dit en effet (Mc XVI, 16) : «Celui qui ne croira pas sera condamné.» Or, ils baptisent les petits enfants qui ne peuvent ni croire ni savoir ce qu'est le bien et le mal; donc, par leur parole, ils les condamnent.

«Le Rituel occitan de Dublin», *in* René Nelli, *Ecritures cathares,* Editions du Rocher, 1995

Deux prédications

Il s'agit en fait du souvenir de prédication de Pierre et Jacques Authié, deux des derniers Bons Hommes occitans, retransmis par deux témoins dans leur déposition devant l'Inquisition. Celle de Pierre Authié relatée par Pierre Maury…

Alors ledit hérétique [Pierre Authié] me prit par la main et me fit m'asseoir près de lui. Raimond Peyre s'assit en face. Ledit hérétique me dit alors :

«Pierre, cela me fait grand plaisir. On m'a dit en effet que tu seras un bon croyant, si Dieu le veut, et moi je te mettrai dans la voie du salut de Dieu, si tu veux me croire, comme le Christ y a mis ses apôtres qui ne mentaient ni ne trompaient. C'est nous qui tenons cette voie, et je vais te dire la raison pour laquelle on nous appelle les hérétiques : c'est parce que le monde nous hait, et il n'est pas étonnant que le monde nous haïsse (1 Jo III, 13) puisqu'il a tenu en haine Notre Seigneur et l'a persécuté ainsi que ses apôtres. Et nous, nous sommes tenus en haine et persécutés à cause de sa Loi, que nous observons fermement, et ceux qui sont bons et veulent garder leur foi avec constance, se laissent crucifier et lapider quand ils viennent au pouvoir de leurs ennemis, comme le firent les apôtres, et ils refusent de renier un seul mot de la foi solide qu'ils tiennent. C'est qu'il y a deux Eglises : l'une fuit et pardonne, l'autre possède et écorche; c'est celle qui fuit et pardonne qui tient la droite voie des apôtres; elle ne ment ni ne trompe. Et cette Eglise qui possède et écorche, c'est l'Eglise romaine.»

L'hérétique me demanda alors laquelle de ces deux Eglises je tenais pour la meilleure. Je lui répondis qu'il était mal de posséder et d'écorcher. L'hérétique reprit alors : «C'est donc nous qui sommes ceux qui tiennent la voie de vérité, nous qui fuyons et qui pardonnons.» Je lui répondis : «Si vraiment vous tenez la voie de vérité des apôtres, pourquoi ne prêchez-vous pas, comme font les curés, dans des églises?» A quoi l'hérétique répondit : «Si nous faisions cela, nous serions aussitôt brûlés par l'Eglise romaine, qui nous tient en grande haine.» Je lui dis alors : «Mais pourquoi l'Eglise romaine vous hait-elle ainsi?» Et il répondit : «Parce que, si nous pouvions aller et prêcher librement, ladite Eglise romaine ne serait plus estimée; en effet, les gens préféreraient choisir notre foi plutôt que la sienne, car nous ne disons ni ne prêchons que la vérité, alors que l'Eglise romaine dit de grands mensonges.»

... et la déposition de Pierre de Gaillac devant Geoffroy d'Ablis.

[L'inquisiteur] me demanda ce que disaient ces hérétiques [Pierre et Jacques Authié] au sujet de l'Eglise romaine, et je répondis qu'ils disaient qu'elle n'avait pas le pouvoir de remettre les péchés, parce que, disaient-ils, elle était souillée et ne montrait que mauvaises actions et mauvais exemples, qu'elle ne suivait pas la voie du Salut, mais bien celle de la perdition. Ils disaient aussi que le pain posé sur l'autel et béni des paroles mêmes dont le Christ le bénit au jour de la Cène avec ses apôtres n'était pas le vrai corps du Christ, et qu'il était au contraire malhonnête et illusoire de dire cela, car ce pain est pain de corruption, produit et né de corruption. Mais le pain dont le Christ avait dit dans l'évangile : «prenez et mangez, de tout cela, etc.» (Mt XXVI, 26) est le Verbe de Dieu – et le sang dont il parle pareillement –, l'assimilant à ce que dit l'évangile de saint Jean : «Au commencement était le Verbe et le Verbe était auprès de Dieu et le Verbe était Dieu» (Jo I, 1), car ils en concluaient que les Paroles de Dieu étaient ce pain dont il est parlé dans l'évangile, et qu'en conséquence cette Parole était le corps du Christ. […]

J'ai aussi dit et déposé que, à ce qu'ils disaient, personne ne doit adorer la croix, et que le signe de la croix ne peut en aucun cas servir à quelque chose, puisque sur la croix Dieu a souffert mort et grande honte. Ils donnaient un exemple : si un homme était pendu à un arbre, cet arbre deviendrait à jamais, pour ses parents et ses amis, un objet de haine, qu'ils maudiraient et ne voudraient plus jamais voir; de même, le lieu où Dieu, que nous devons aimer, fut pendu, nous devrions l'avoir en haine et jamais nous ne devrions supporter sa présence.

Pour ce qui est du baptême, ils disaient également que c'était de manière ignare et en dépit des divines ordonnances qu'il était pratiqué dans l'Eglise romaine, puisqu'on lit dans l'évangile : «Celui qui aura cru et aura été baptisé de l'eau de l'Esprit saint, etc.» (Mt III, 11; Mc XVI, 16). L'eau dont l'Eglise romaine baptise les enfants n'est pas l'eau du Saint Esprit, mais eau de souillure et de corruption, telle qu'elle ne peut avoir le pouvoir de racheter les péchés, alors que l'eau du Saint Esprit, dont il est parlé dans l'évangile et de laquelle Dieu demanda d'être baptisé, c'est le Verbe de Dieu et ses bonnes œuvres, et quiconque pratique ces bonnes œuvres et croit en cette Parole est baptisé de l'eau de l'Esprit saint.

A propos du passage outre-mer, ces hérétiques disaient encore qu'il n'avait aucune valeur et que les péchés de l'homme n'en étaient nullement remis, bien qu'il soit dit dans l'évangile : «Celui qui veut venir à ma suite, qu'il renonce à lui-même, prenne sa croix et me suive» (Mt XVI, 24; Mc VIII, 34; Lc IX, 23). En vérité, le Christ ne désignait pas ainsi, pas plus qu'il ne voulait l'instituer, cette croix que portent ceux qui passent outre-mer, qui n'est qu'objet de corruption; mais c'est la croix des bonnes œuvres et de la vraie pénitence et de l'observance des Paroles de Dieu qui est la croix du Christ, et celui qui met cela en pratique suit le Christ, renonce à lui-même et prend sa croix, qui n'est pas la croix de corruption dont il a été parlé.

«Trois Prédications»,
in René Nelli, *Ecritures cathares, idem*

Vers l'Inquisition

*Avec la capitulation
du comte Raimond VII
de Toulouse en 1229,
les conditions étaient
réunies pour l'élaboration
d'un système d'élimination
définitive de l'hérésie
en languedoc. Le pape
et les dominicains
s'y employèrent
immédiatement.*

«Purger le pays de la dépravation hérétique»

La fondation de l'Université de Toulouse s'insère manifestement dans un projet global de l'Eglise romaine. Celui-ci est connu : il s'exprime en toute clarté dans les décisions du Concile qui s'est tenu à Toulouse en novembre 1229 et qui a défini l'ordre nouveau à imposer au Languedoc. Il est notable de constater que ce sont les mêmes hommes qui ont organisé et inspiré ce concile et qui ont mis en place la structure universitaire : à savoir le cardinal-légat Romain de Saint-Ange et l'évêque Foulque. Mieux encore, c'est le même prédicateur, Hélinand, qui a prononcé le sermon d'inauguration de l'université et les allocutions d'ouverture et de clôture du concile. Identité parfaite par conséquent.

Deux points sont à l'ordre du jour de l'assemblée conciliaire : «purger de la dépravation hérétique ce pays quasiment vierge pour la foi»; «y maintenir la paix», La manière dont ils ont été traités mérite attention.

Des mesures policières

Donc, d'abord, la répression. C'est la chasse aux cathares. Sont visés : les «hérétiques revêtus», c'est-à-dire les Parfaits (pour eux, pas d'hésitation!); mais aussi les simples «croyants» ou «adeptes» de l'hérésie; mais encore les «suspects», dont la définition (art. 18) vaut d'être retenue : «ceux que désignera la rumeur publique ou ceux qui, sur dénonciation de gens honorables et sérieux, auront été classés comme tels par l'évêque». Et on ajoute à la liste tous ceux qui auront offert asile aux hérétiques (art. 1 et 4) ou qui

Le sceau de Raimond VII de Toulouse, 1242.

seulement auront montré de la tiédeur dans leur poursuite (art. 5, 7 et 11) et même tout paroissien qui aura négligé de communier au moins trois fois par an des mains d'un prêtre catholique (art. 13).

Bien entendu, l'appareil répressif est doté de grands moyens : ceux-ci sont trop connus pour qu'il soit nécessaire d'insister. Plus intéressant est peut-être de souligner l'entreprise généralisée de délation qui est organisée. Délation rémunérée [...] (art. 3 de la capitulation de Raimond VII). Mais aussi systématiquement planifiée, paroisse par paroisse : obligation de dénoncer requise, sous serment, de tous les hommes de plus de quatorze ans, de toutes les femmes de plus de douze ans (art. 12); mise en place de commissions paroissiales de surveillance et de perquisition (art. 11); établissement de listes de catholicité (art. 12 et 13)...

«Une paix de clercs et de français»

Les sanctions? Elles varient selon le degré de suspicion qui pèse sur les individus dénoncés. On commence par les interdictions professionnelles (interdiction de pratiquer la médecine, d'exercer des fonctions d'administration publique ou privée). On continue par l'imposition de marques distinctives, jugées infamantes : non point certes l'étoile jaune, mais, ce qui est plus visible encore, des croix de couleur vive sur les vêtements (art. 10). On poursuit par la peine du cachot (art. 11). Enfin on prévoit déjà la traduction des coupables présumés devant des juridictions d'exception : tout est en place pour l'Inquisition, même si celle-ci n'a pas encore été officiellement confiée aux Dominicains (ce qui sera fait en 1233).

Les mesures visant au maintien de la paix se situent dans la même logique et sont très habilement liées aux précédentes. Aux Cathares? En vérité, à lire les canons conciliaires, on s'aperçoit que l'éventail des personnes traquées est infiniment plus large. Le problème de la paix se pose en Languedoc depuis deux cents ans au moins. Imposer la paix civile aux prédateurs de l'aristocratie, dont les violences et les exactions saignaient la paysannerie, était au XIe siècle une revendication fondamentalement populaire. L'Eglise, alors fort proche de son peuple, la prit, au moins partiellement, à son compte : ainsi naquit le mouvement de la paix de Dieu, alors se développèrent de multiples associations de paix dont les membres se liaient par des serments d'entraide. Le Concile de 1229 se situe, avec beaucoup d'adresse, dans la ligne des assemblées de paix antérieures (art. 21, 22, 23 sur la lutte contre les exactions), mais en opérant une dénaturation complète de l'idée de Paix : le maintien de la paix n'est plus ici rien d'autre que le maintien de l'ordre issu des clauses du «traité de Paris». Et les institutions de paix sont mises au service de l'Eglise et de la Royauté, garantes de cet ordre. Les «violateurs de la paix» sont donc identifiés aux ennemis de l'Eglise et du roi. Qui sont-ils? Essentiellement, les *faydits*, c'est-à-dire les nombreux chevaliers qui ont été dépossédés de leurs châteaux et de leurs fiefs lors de la Croisade, qui ont été mis au ban de la société et qui, tantôt ouvertement, tantôt clandestinement, continuent le combat. Contre ces «terroristes», l'arsenal des mesures édictées par le Concile est lugubrement classique : assimilation des résistants à des malfaiteurs de droit commun (art. 36), arrestation d'otages dans leurs familles (art. 30, 31), organisation d'expéditions de chasse à l'homme (art. 39), etc.

Cérémonie expiatoire accompagnant le traité de Paris. En présence de Louis IX, le comte Raimond VII reçoit l'absolution des mains du cardinal de Saint-Ange, légat pontifical.

Mais par-delà ces dispositions prises en fonction des circonstances, c'est peut-être l'esprit général du concile qu'il faut analyser si l'on veut percevoir pleinement le climat de l'année 1229 et de la période qu'elle ouvre. Au-delà du catharisme, ce sont toutes les déviances et dissidences qui se trouvent condamnées. L'acharnement mis, par exemple, à combler les souterrains (art. 1 et 3) – les *cluzels* des chartes méridionales – entraîne à terme l'extinction des vieux cultes païens autochtones, voués à la terre et aux déesses-mères, dont on sait aujourd'hui, par l'archéologie, qu'ils s'étaient maintenus très vivaces pendant tout le haut Moyen Age. Les Juifs sont aussi pris à partie, sinon directement dans les actes du concile, du moins dans les clauses du «traité de Paris» : jusque-là parfaitement tolérés et même admis aux fonctions les plus hautes, ils apparaissent eux aussi comme les victimes expiatoires du triomphe de l'orthodoxie. Mêmes constatations sur le plan social et politique : toutes les coalitions, ligues, associations existantes sont dissoutes et il est interdit, sous peine de fortes amendes, d'en créer de nouvelles (art. 38). Les séditions des vassaux contre leurs seigneurs sont assimilées à des sacrilèges (art. 34). Et l'excommunication, loin de se borner à sanctionner des délits proprement religieux, vient punir quiconque ose porter atteinte aux terres et forteresses royales et ecclésiastiques (art. 39).

Terme ultime de la logique répressive : l'Evangile lui-même est frappé d'interdit (art. 14). Même dans son texte latin, il est trop subversif pour être laissé entre les mains des fidèles. Tout juste autorise-t-on quelques livres pieux, mais à condition qu'ils ne soient pas traduits. Dans ces conditions, par quel biais la parole de Dieu parviendra-t-elle au peuple? Par le seul truchement des clercs, institués en caste sacerdotale rigoureusement close et eux-mêmes éclairés par les leçons des docteurs de l'Université.

P. Bonnassie, G. Pradalié,
*La Capitulation de Raymond VII
et la fondation de l'Université
de Toulouse (1229-1979)*,
Université de Toulouse-Le Mirail, 1979

Actes du concile de Toulouse

1. Dans chaque paroisse urbaine ou rurale, les archevêques et les évêques feront prêter serment à un prêtre et à deux ou trois laïcs de bonne réputation (ou davantage si nécessaire) de rechercher les hérétiques qui y habitent. Ils le feront avec zèle, fidélité et assiduité, fouillant chaque maison et chaque souterrain suspects, de même que les appentis, les combles et toutes les cachettes possibles, qu'ils feront détruire. Dès qu'ils auront découvert des hérétiques, qu'il s'agisse d'adeptes, de propagandistes ou de personnes leur offrant asile et protection, après avoir pris les précautions nécessaires pour qu'ils n'échappent pas, ils feront tout pour les dénoncer en hâte à l'archevêque, aux seigneurs du lieu ou à leurs bayles, afin qu'on leur inflige le châtiment qu'ils méritent.

2. Les abbés jouissant de l'exemption en feront autant sur leurs terres qui ne sont pas soumises à la juridiction diocésaine.

3. Les seigneurs du pays feront également rechercher les hérétiques dans les villages, les maisons et les bois; ils feront eux aussi détruire les appentis, les constructions annexes et tous les refuges souterrains.

4. Quiconque sciemment laissera habiter un hérétique sur ses terres, pour de l'argent ou pour tout autre motif, et qui reconnaîtra les faits ou en sera convaincu, perdra à tout jamais ses biens; lui-même sera livré à son seigneur qui en fera ce que de droit.

5. Si la complicité n'est pas certaine, mais s'il est prouvé que quelqu'un par négligence laisse des hérétiques fréquenter ses terres ou est accusé de ce fait, qu'il subisse les peines prévues.

6. La maison dans laquelle aura été découvert un hérétique sera détruite; le terrain sur lequel elle est bâtie sera confisqué.

7. Le bayle qui, en résidence dans une localité où l'on soupçonne la présence d'hérétiques, manifestera peu d'intérêt ou peu d'empressement à les rechercher, verra ses biens confisqués. En outre, il ne pourra plus être bayle, ni là ni ailleurs. [...]

9. Tout le monde pourra rechercher et arrêter les hérétiques sur les terres d'autrui : les bayles locaux devront se prêter et collaborer à cette recherche. Ainsi le bayle du roi pourra enquêter sur les terres du comte de Toulouse ou d'autres seigneurs, et réciproquement.

10. Si des hérétiques revêtus rejettent spontanément l'hérésie pour revenir à la foi catholique après avoir reconnu leur erreur, il ne pourront demeurer là où ils habitent si l'endroit est suspect d'hérésie. En signe de rejet de leur ancienne erreur, ils porteront deux croix, très nettement visibles et d'une couleur différente de celle de leurs vêtements, l'une du côté droit, l'autre du côté gauche. Le port de ces croix ne saurait suffire seul au pardon : l'obtention de lettres de réconciliation de l'évêque, octroyées devant témoins, reste nécessaire. Ces hérétiques repentis seront aussi exclus des charges publiques et frappés d'incapacité juridique tant que le pape ou son légat ne leur aura pas rendu tous leurs droits, moyennant la pénitence exigée.

11. Les hérétiques qui, par peur de la mort ou pour une autre raison, mais de façon non spontanée, reviendront à l'unité de la foi catholique seront mis au cachot (*in muro*) par l'évêque pour y faire pénitence; et on veillera à ce qu'ils ne puisse contaminer personne. Ceux qui recueilleront leurs biens devront pourvoir à leurs besoins selon les directives de l'évêque; s'ils n'ont rien, l'évêque y pourvoira.

Idem

1244 – Montségur

Ni temple ni même château cathare, la forteresse française de Montségur a été jetée, cinquante ans après le drame de 1244, au sommet de la plate-forme rasée du «pog», sur les ruines du castrum de Raimond de Péreille, qui s'apparentait alors plus à un village qu'à un «château».

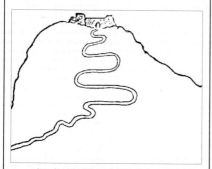

L e chemin vers Montségur, et, page de droite, le plan du château.

Les cendres de la liberté

Il va sans dire que tenter de rendre Montségur à l'histoire, c'est-à-dire à ce qu'on peut en savoir de certain, tout en traitant avec prudence du probable et avec plus encore de circonspection du possible, n'enlève rien à la tragique grandeur de sa destinée.

Que Montségur n'ait jamais été un temple solaire où les cathares auraient célébré des fêtes «manichéennes» au solstice d'été – fête de saint Jean-Baptiste, qu'ils détestaient; que la montagne ne soit ni creuse ni creusée et qu'aucune cathédrale souterraine n'y recèle le tombeau d'Esclarmonde de Foix; que Montségur n'ait jamais été le château du Graal, ce symbole eucharistique dont les cathares n'avaient que faire puisqu'ils ne croyaient pas à la présence réelle et tournaient en dérision la communion des catholiques; qu'il ne s'y produise pas d'étincelles entre les rayons telluriques et les rayons cosmiques et que le château ne tourne pas autour de l'axe du monde; voilà qui ne change rien à l'affaire, tout au contraire; ce ne sont là qu'oripeaux qu'on a cousus à l'infini les uns aux autres, pour jeter sur Montségur un grand manteau de balivernes propres à en masquer et à en étouffer le sens : celui du combat exalté et douloureux que, face à des pouvoirs implacables, une poignée d'hommes et de femmes ont mené jusqu'au bûcher, pour la forme la plus haute de la liberté, celle de la conscience, celle de croire à la religion de leur choix.

Ramenée à ses dimensions humaines, à sa chair et à son sang, l'histoire de Montségur n'en est que plus poignante.

Michel Roquebert,
Introduction à *Montségur, les cendres de la liberté,*
Privat, 1992

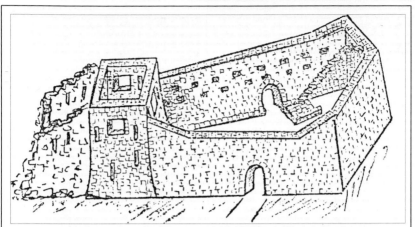

L'histoire cathare de Montségur

Montségur était un castrum de montagne, un lieu haut, fortifié, peuplé, demeuré intact au-dessus du théâtre des batailles. Enclave de suzeraineté toulousaine dans le comté de Foix, il appartenait aux seigneurs de Péreille, dont la famille était acquise au christianisme des Bons Hommes. Depuis les toutes premières années du XIIIᵉ siècle, le lieu, qui avait probablement été ruiné durant la grande guerre entre Toulouse et Barcelone à la fin du XIIᵉ siècle, abritait des communautés hérétiques et s'arrondissait en village. L'ancienne dame du lieu, Fornèira de Péreille, y était Bonne Chrétienne. Son fils Raimond, jeune seigneur de la place, s'y établit à demeure à partir du temps de la croisade et y fonda famille.

Dès le temps de la croisade des barons, Montségur avait servi de refuge aux femmes et aux enfants de la noblesse de Fanjeaux, ainsi qu'à la hiérarchie de l'Eglise de Toulousain, l'évêque Gaucelm, son Fils majeur Guilhabert de Castres. Après la soumission du comte au traité de Paris, à partir de 1229, le lieu haut attira, autour de la famille seigneuriale de Péreille, bientôt condamnée par contumace par l'Inquisition, toute une parentèle et un cercle d'alliés insoumis et faydits. Une petite chevalerie s'y constitua, avec ses dames et demoiselles, ses gens et ses sergents d'armes. Le castrum continuait à s'arrondir autour de la vieille tour féodale des Péreille. [...]

A partir de 1232, Raimond de Péreille accepta d'accueillir dans Montségur la hiérarchie des Eglises cathares clandestines de Toulousain et probablement d'Agenais et de Razès. Pôle de résistance politique et militaire en relation avec le comte de Toulouse, Montségur devint dès lors aussi pôle de résistance religieuse, autour de l'évêque Guilhabert de Castres. Tête et siège de l'Eglise interdite, Montségur était le nœud d'où rayonnaient les périlleuses missions des Bons Hommes et des Bonnes Femmes clandestins sur le plat pays quadrillé par l'Inquisition, le cœur d'un espoir religieux vivant, vers lequel montaient fidèles et malades en quête de la bonne fin.

Les maisons religieuses se multipliaient sur les terrasses vertigineuses du village, adossées au flanc du rocher, au surplomb du précipice. Humbles et précaires abris de bois et de torchis, desservis par des lacis de ruelles en escalier. Des communautés de Bonnes Femmes y filaient et y cousaient; des communautés de Bons Hommes y taillaient des pourpoints. Meunier et boulangère du village étaient de Bons Chrétiens. La population de cet étrange castrum se composait de religieux et d'hommes d'armes, avec femmes et enfants.

Les perspectives s'assombrissant, Raimond de Péreille avait marié sa fille aînée, Philippa, à Pierre Roger de Mirepoix, un chevalier capable de se révéler chef militaire, et avait partagé avec lui la seigneurie de Montségur. En 1240, Pierre Roger participa avec ses faydits à la révolte de Raimond Trencavel. En mai 1242, ce fut lui qui se chargea, à la demande d'un émissaire du comte de Toulouse, d'organiser l'expédition d'Avignonnet, en liaison avec un autre grand faydit qui tenait les bois du Lauragais, Pierre de Mazerolle.

Le raid d'Avignonnet

Le signal de la guerre du comte, qui venait de se gagner l'alliance du roi d'Angleterre et du comte de la Marche, devait être en effet l'exécution, à Avignonnet en Lauragais où stationnait alors le tribunal itinérant, des deux inquisiteurs : le dominicain Guillaume Arnaud et le franciscain Etienne de Saint-Thibéry. Chevalerie et sergents de Montségur se firent le bras armé du comte. Les inquisiteurs et leur suite furent supprimés, et déchirés les registres des confessions-dépositions-dénonciations. Quand la population connut la nouvelle, ce furent des cris de joie : «Cocula carta

Montségur, le castrum.

es trencada!» (*cette f... charte, on l'a déchirée!*) et le pays se souleva, tandis que le comte entrait en guerre contre le roi de France et l'inéluctable.

Las pour lui. Ses alliés furent vaincus par l'armée française à Saintes et à Taillebourg et la guerre fut perdue. Il dut traiter à Lorris en 1243 et le pays se soumettre à nouveau. Il faudrait

payer, et cher. L'attentat d'Avignonnet, perpétré contre des hommes d'Eglise particulièrement intouchables, désigna Montségur aux yeux des puissants de ce monde, le pape de Rome et le roi de France. Il faut décapiter l'hydre, déclara la régente Blanche de Castille.

Au début de l'été 1243, une armée de croisade, levée par les évêques méridionaux et dirigée par le sénéchal royal de Carcassonne, vint mettre le siège autour du pech de Montségur. Pierre Roger de Mirepoix avait fait ravitailler la place, par des convois de blé des villages et des razzias de bétail. Le castrum perché était défendu par une formidable position stratégique, plus que par la cinquantaine d'hommes d'armes qui durent faire face à la grande armée. Durant de longs mois, messagers et visiteurs passèrent sans encombre au travers des lignes des assiégeants.

Dans l'hiver 1243-1244, le siège se resserra, quand l'armée croisée prit pied sur le pech de Montségur, après avoir attaqué par surprise le petit poste qui défendait un angle de la montagne. Les combats se rapprochèrent dès lors inéluctablement des murailles du village, au point que des catapultes et une grosse machine purent être employées, écrasant de lourds boulets de pierre les toits des humbles maisons. La situation devint vite intenable et, le 1er mars 1244, Pierre Roger négocia une trêve de quinze jours, avant reddition définitive. Selon l'issue habituelle d'un siège de croisade, les hérétiques obstinés, ceux qui refuseraient d'abjurer, seraient alors livrés au feu. La population laïque aurait la vie sauve.

Le seul secret de Montségur

Trois jours avant l'expiration de la trêve, une vingtaine de personnes de cette population laïque, à qui était promise la vie sauve, demanda pourtant à recevoir le Consolament de la main des évêques de Toulousain et de Razès, Bertrand Marti, qui avait succédé au vieux Guilhabert de Castres, et Raimond Agulher. L'épouse de Raimond de Péreille, dame Corba, fut du nombre, avec sa fille Esclarmonde, plusieurs chevaliers et des sergents d'armes, certains accompagnés de leurs épouses. Au matin du 16 mars 1244, à l'issue de la trêve, deux cent vingt-cinq Bons Hommes et Bonnes Femmes furent trouvés dans la place, «jetés dans un enclos fait de pals et de pieux auquel on mit le feu, et passèrent directement des flammes du bûcher à celles de l'enfer» – si l'on en croit le chroniqueur Guillaume de Puylaurens, grand connaisseur en la matière.

On pourrait dire, plus simplement, que deux cent vingt-cinq Bons Hommes et Bonnes Femmes acceptèrent la mort chrétienne sur le bûcher, pour ne pas abjurer leur foi, selon les vœux qu'ils avaient prononcés lors du saint baptême de Jésus-Christ. Leur âme était sauvée. Ils témoignaient de l'Evangile en ce monde mauvais.

On s'est parfois interrogé sur la signification de la trêve de quinze jours obtenue du Sénéchal du roi par Pierre Roger de Mirepoix. Elle fut bien entendu mise à profit par l'Eglise cathare de Montségur pour se mettre en ordre et en paix avant de disparaître. Bons Hommes et Bonnes Femmes distribuèrent à leurs défenseurs les pauvres biens qui leur restaient. L'on prit des mesures pour que les réserves monétaires de l'Eglise puissent être convoyées vers l'Italie, au profit de l'Eglise occitane exilée à Crémone. Mais, essentiellement, les défenseurs attendirent et espérèrent jusqu'au dernier jour un renfort de leur suzerain, le comte de Toulouse, qui leur avait envoyé des messagers pour les encourager à tenir bon.

La population laïque et survivante de Montségur défila devant les scribes de l'inquisiteur frère Ferrer. On a conservé dix-neuf de ces témoignages, qui nous informent sur le détail de la vie du castrum et des péripéties du siège. Après la reddition, la place fut rendue entre les mains de Guy de Lévis, compagnon de Simon de Montfort et maréchal de Mirepoix, à qui il appartenait en droit sinon de fait. L'Inquisition porta probablement sentence de démolition, à son habitude, contre le village qui avait abrité tant de cérémonies hérétiques et impies, et interdit qu'on y reconstruisît avant longtemps – sinon une chapelle. Ce fut peut-être cette chapelle qui fut la première bâtie, à l'emplacement de la tête et du siège de l'hérésie. Au début du XIVe siècle, François de Lévis jeta, en travers de la plate-forme sommitale, arasée, de la montagne, le beau petit château, chef-d'œuvre d'architecture militaire, que l'on voit ruiné aujourd'hui. Du village qu'habitèrent les Bons Chrétiens, ne subsistent que quelques terrasses et les fondations de pauvres maisons, qu'une patiente archéologie a commencé à révéler.

Anne Brenon,
Petit Précis de catharisme,
Loubatières, 1996

Les dernières heures de Montségur

A la tête des condamnés se trouvait évidemment l'évêque Bertrand Marty. Les hérétiques furent enchaînés et traînés sans ménagements le long de la pente qui séparait le château de l'endroit où avait été préparé le bûcher.

Devant Montségur, sur la face sud-ouest du mont – la seule qui soit d'accès praticable –, se trouve un espace découvert appelé aujourd'hui le champ des Cramatchs ou des Crémats (des «brûlés»). Cet endroit se trouve à moins de deux cents mètres du château, et la pente à descendre est assez raide. Guillaume de Puylaurens dit que les hérétiques furent brûlés «tout près de la montagne».

Pendant que là-haut les parfaits se préparaient à la mort et disaient adieu à leurs amis, une partie des sergents du camp français avait dû être employée pour le dernier travail de ce siège, l'élévation d'un bûcher suffisant pour consumer les corps de deux cents personnes. [...] Pour une telle quantité de victimes on n'avait probablement pas eu le temps de dresser des poteaux pour y attacher les condamnés un par un; en tout cas Guillaume de Puylaurens se contente de dire qu'on les enferma dans la palissade.

Les malades et les blessés durent être simplement jetés sur les fagots, les autres purent peut-être chercher à se rapprocher de leur souci, de leurs parents... peut-être la dame de Montségur put-elle mourir aux côtés de sa vieille mère et de sa fille malade, les deux femmes de sergents d'armes à côté de leurs maris. Peut-être l'évêque put-il, au milieu des gémissements, du bruit des armes, des cris des bourreaux qui allumaient le feu aux quatre coins de la palissade, du chant des cantiques entonnés par les clercs, adresser à ses fidèles quelques dernières exhortations. Une fois les flammes bien prises, bourreaux et soldats durent se retirer à une certaine distance, pour ne pas souffrir de la fumée et de la chaleur répandues par l'immense bûcher. En quelques heures les deux cents torches vivantes entassées dans la palissade ne furent plus qu'un amas de chairs noircies, rougies, sanglantes, se calcinant toujours les unes contre les autres, et répandant une atroce odeur de brûlé dans toute la vallée et jusqu'aux murs du château.

Les défenseurs restés dans la citadelle pouvaient voir, d'en haut, les flammes du bûcher monter, grandir, et s'éteindre peu à peu faute de nourriture, et les épaisses fumées noirâtres couvrir la montagne; la fumée, âcre, nauséabonde, devait épaissir pendant que les flammes diminuaient. Dans la nuit le brasier devait encore achever de se consumer, lentement; éparpillés sur la montagne, les soldats, assis autour des feux devant leurs tentes, devaient encore voir, de loin, frémir les braises rouges sous la fumée. Cette nuit-là, les quatre hommes dépositaires du trésor descendaient sur des cordes le long de la paroi rocheuse, presque en face du champ où se mourait l'immense feu nourri de chair humaine.

Zoé Oldenbourg,
Le Bûcher de Montségur, Gallimard

Vaudois, spirituels et apostoliques

Ce fut précisément à l'encontre des cathares que l'Inquisition fut élaborée. Mais d'autres mouvements religieux furent, dès le XIIIᵉ siècle, pourchassés comme hérétiques.

T orture donnée aux Vaudois en 1241.

Les hérésies médiévales en Europe

L'Inquisition n'eut qu'une efficacité toute relative contre le mouvement vaudois, structuré de manière moins rigide que l'Eglise cathare et par là même plus propre à la survie clandestine. Diffuse dans l'Europe occidentale dès les premières années du XIIᵉ siècle, la revendication à la pauvreté évangélique et à la libre prédication de la Parole de Dieu se cristallisa, à partir des années 1170, autour de la vocation de Vaudès de Lyon – que l'intransigeance des autorités religieuses rejeta progressivement dans le schisme puis l'hérésie. Le mouvement vaudois, Pauvres de Lyon et Pauvres lombards, qui préfigurait pourtant l'éclosion des Mendiants au début du XIIIᵉ siècle et particulièrement le franciscanisme, allait se radicaliser à travers les persécutions médiévales, essaimant vers l'Europe centrale, se ralliant d'abord aux hussites, puis à la Réforme protestante en 1532.

Les vaudois rejetèrent les structures autoritaires de la hiérarchie romaine et contestèrent la validité des sacrements opérés par les mains indignes de son clergé. Dès le milieu du XIIIᵉ siècle, constitués en aile radicale, les franciscains spirituels, qui se réclamaient de la fidélité au modèle de saint François, dénoncèrent d'abord la dérive conventuelle de leur ordre et son engagement dans la répression inquisitoriale. Soutenus, en Languedoc, par leur tiers ordre des béguins et béguines, ils adoptèrent les visions prophétiques apocalyptiques des joachimites – héritiers plus ou moins directs de Joachim de Fiore, et annoncèrent l'imminence d'une Eglise de l'Esprit saint destinée à effacer la domination, dans la violence et l'opulence, de la trop matérielle Eglise romaine, alors que l'ère du Fils devait céder la place à celle de l'Esprit. En Italie, le mouvement des apostoliques de Gérard Ségarelli et de Fra Dolcino constitua le paroxysme révolutionnaire de ces mouvements religieux réclamant à la fois Eglise de l'Esprit et justice en ce monde.

Dans les premières décennies du XIVe siècle, l'Inquisition fit de grands bûchers de Spirituels et béguines en Languedoc comme d'Apostoliques en Italie – tandis que brûlaient les derniers cathares et qu'en Angleterre John Wycliff et ses lollards, qu'un peu plus tard en Bohême Jean Huss puis les taborites liaient à leur tour les impératifs d'une réforme morale et théologique de l'Eglise pervertie avec ceux de la justice sociale.

Anne Brenon, *Concilium 1997*

Les vaudois : la parole et la pauvreté

Le mouvement vaudois est le parfait exemple de manifestation de cet évangélisme latent des populations chrétiennes médiévales. Il concrétise l'ensemble des aspirations spirituelles de la fin du XIIe siècle, idéal de vie pauvre et pure, et répond au problème de l'écoute de la Parole de Dieu. Le fondateur éponyme – et peut-être mythique – du mouvement vaudois, le riche marchand de région lyonnaise prénommé peut-être Pierre, Vaudès, ou «le Vaudois», préfigure si parfaitement la démarche de François d'Assise trois décennies plus tard que l'on peut légitimement se poser, mais sans le résoudre, un problème de copies rétroactives de sources.

Pour autant qu'on puisse le savoir, Vaudès de Lyon distribua ses biens aux pauvres devant l'archevêque de Lyon, ne réservant que trois parts pour sa femme et ses deux filles, qui rejoignirent du reste, et ce n'est pas un hasard, l'ordre de Fontevrault. Ce qui avait motivé sa conversion, que l'on peut placer vers 1170, était sa réflexion sur un passage de l'Evangile de Matthieu : «Si tu veux être parfait, va, vends tout ce que tu possèdes et donne-le aux pauvres et tu auras un trésor dans les cieux; puis viens et suis-moi» (Mt IXX, 21). [...]

Vaudès et les Pauvres de Lyon qui se regroupèrent autour de lui et le suivirent, hommes et femmes mêlés, prêchèrent et haranguèrent la foule sur les places jusqu'à ce que l'archevêque Guichard les chassât de Lyon. En 1179, Alexandre III accueillit paternellement au concile de Latran le Vaudois «en sa pauvreté évangélique» mais lui recommanda de se conformer aux décisions de son archevêque. A cette occasion, le clerc Walter Map rencontra les Pauvres de Lyon, et les décrivit ainsi dans sa chronique :

«Ils n'avaient pas de demeure fixe, cheminaient deux par deux, nu-pieds, vêtus d'une tunique de laine. Ne possédant rien, ils avaient tout en commun comme les apôtres. Nus, ils servaient un Christ nu.»

A cette occasion aussi, les Pauvres de Lyon rencontrèrent pour la première fois les Pauvres lombards. Mais si Vaudès accepta en mars 1180 de prononcer la profession de foi que lui imposèrent l'archevêque et le légat du pape, Henri de Clairvaux, avec explicite rejet de tout arnoldisme et de tout dualisme, les vaudois furent excommuniés en bloc deux ans plus tard pour n'avoir point renoncé à prêcher, et les premiers bûchers s'allumèrent. Vaudès répondit par une paraphrase des Actes des apôtres : *Melius obedire Deo quam hominibus* («il vaut mieux obéir à Dieu qu'aux hommes»).

Anne Brenon,
Le Vrai Visage du catharisme,
Editions Loubatières, 1995

La recherche

En matière de catharisme, il faut au chercheur du XXᵉ siècle l'énergie de faire acte de «contre-révisionnisme» : oser mettre en doute ce qu'on croyait savoir depuis toujours. En prenant conscience, comme l'exprime Georges Duby, du fait que «nous ne savons rien de l'hérésie, sinon par ceux qui l'ont pourchassée et vaincue, par des actes de condamnation, de réfutation.»

Les aventures du chercheur en catharisme

Le catharisme, vaincu et éliminé de l'Histoire, ne fut longtemps connu que par l'interprétation qu'en donnèrent ses vainqueurs, essentiellement les dominicains inquisiteurs. Jusque dans les années cinquante de notre XXᵉ siècle, une sorte de consensus de bonne conscience historique, alimenté par les quelques travaux apologétiques publiés sur la question, au cours des siècles, essentiellement par des théologiens catholiques, faisait du catharisme une affaire définitivement réglée. Ce consensus qui culmina en 1953 avec la thèse d'Arno Borst, *Die Katharer*, publiée vingt ans plus tard en français sous le titre *Les Cathares,* tendaient à relativiser à l'extrême les tristes événements de la croisade et de l'Inquisition, présentés comme un moindre mal, nécessaire pour nettoyer l'Europe chrétienne de la contamination de la dangereuse hérésie, d'inspiration orientale et manichéenne, qui menaçait l'ordre de la société.

Un abcès dans la chrétienté médiévale

Pour résumer : le catharisme, corps étranger dans la chrétienté médiévale, ne pouvait s'y fixer que comme un abcès, ne pouvait s'y propager que sous forme de gangrène; en conséquence, la chrétienté en fit un rejet salutaire et salubre.

Les quelques médiévistes qui, dans ces mêmes années 1950, commençaient à se poser des questions quant à la nature exacte de l'hérésie médiévale et son rôle dans l'évolution de la société occidentale, qui commençaient à soulever le coin du voile et à tenter une lecture critique des documents, furent pourtant considérablement aidés par la rapide découverte – sur moins de vingt ans – de plusieurs textes radicalement nouveaux car d'origine authentiquement cathare, qui allaient réorienter les données de la question. Deux traités cathares – dont le fameux Livre des deux Principes – ainsi que deux, puis trois livres liturgiques cathares en latin et en occitan, exhumés de plusieurs bibliothèques européennes, firent l'objet d'éditions et d'études; dès 1959, René Nelli en donnait une première traduction en français dans *Ecritures cathares* (Denoël).

Le catharisme dégagé des mythes

Dénoncé et persécuté au Moyen Age comme hérésie manichéenne, le catharisme se définit en effet lui-même, dans ses propres livres, comme une authentique exigence chrétienne. Tandis qu'à partir des années 1970-1980 l'Histoire médiévale multipliait ses chantiers nouveaux, éclairant

Ｌa bibliothèque du Centre d'études cathares.

notamment les origines de l'hérésie dans la période de l'an mille et la culture monachique romane, des premiers travaux commençaient à renouveler la vieille question cathare. L'initiateur, le précurseur en fut Jean Duvernoy, qui, après le registre d'Inquisition de Jacques Fournier qui ouvrait enfin des perspectives humaines et sociales sur les populations croyantes méridionales, publiait en 1976, chez Privat, *La Religion des cathares*, premier tome d'une véritable somme intitulée *Les Cathares*, qui dégage enfin le catharisme des mythes et affabulations.

Une véritable recherche historique

Fondé en 1982 par les pouvoirs publics de l'Aude, représentés par le président Robert Capdeville, sur l'impulsion de René Nelli et de Jean Duvernoy, le Centre d'études cathares s'attache depuis quinze ans à mettre en œuvre les moyens d'une recherche historique de caractère laïque, qui utilise et confronte l'ensemble des sources documentaires. Grâce à une équipe de recherche internationale, une revue spécialisée, *Heresis*, peut être publiée, des colloques annuels réunis, des travaux universitaires impulsés; mais le Centre d'études cathares, qui a pris le nom de Centre René-Nelli depuis la mort de son fondateur, ne néglige pas pour autant le grand public. Depuis ses locaux de la Maison des Mémoires, à Carcassonne, avec l'aide du département de l'Aude, il fonctionne comme le «service public du catharisme», proposant à tous les curieux sa vaste bibliothèque de libre accès, son service de documentation, ses conférences et animations pédagogiques.

Anne Brenon,
avril 1997

BIBLIOGRAPHIE

- Berlioz (Jacques), *Tuez-les tous, Dieu reconnaîtra les siens,* Toulouse, Loubatière, 1994.
- Bonnassie (Pierre) et Landes (Richard), «Une nouvelle hérésie est née dans le monde», *Les Sociétés méridionales autour de l'An Mil...,* Paris, CNRS éditions, 1992, p. 435-459.
- Brenon (Anne), *Le Vrai Visage du catharisme.* Toulouse, Loubatières, 1988, rééd.
- Brenon (Anne), *Les Femmes cathares,* Paris, Perrin, 1992.
- Brenon (Anne), *Les Cathares, vie et mort d'une église chrétienne,* Paris, J. Grancher, 1996.
- Brenon (Anne), *Montségur (1244-1994), Mémoire d'hérétique,* Toulouse, Loubatières, 1994.
- Brenon (Anne), *Petit précis de catharisme,* Toulouse, Loubatières, 1996.
- *Cathares en Occitanie (Les),* collectif (P. Labal, J. Duvernoy, M. Roquebert, R. Laffont), Paris, Fayard, 1984.
- Duvernoy (Jean), *Le Catharisme,* tome I, *La religion des cathares;* tome II, *L'Histoire des cathares,* Toulouse, Privat, 1976 et 1979, rééd.
- Duvernoy (Jean), *Le Registre d'Inquisition de Jacques Fournier (1318-1325)* traduit et annoté, 3 volumes, Mouton, Paris, La Haye, 1977-1978.
- *Europe et Occitanie : Les pays cathares,* Actes de la 5ᵉ session du CEC, Carcassonne, collection Heresis, 1995.
- *Heresis,* Revue internationale d'hérésiologie médiévale, édition de textes, recherches. Carcassonne, Centre d'Etudes cathares, 1983-1997, numéro 26-27 sous presse.
- Le Roy Ladurie (Emmanuel), *Montaillou, village occitan,* Paris, Gallimard, 1976.
- *Montségur, la mémoire et la rumeur (1244-1994),* Actes du Colloque de Foix, 22 au 22 octobre 1994, Foix, Archives dép. de l'Ariège, 1995.
- Moore (Robert), *La Persécution, sa formation en Europe, 950-1250,* Paris, Les Belles Lettres, 1991.
- Nelli (René), *Ecritures cathares,* nouvelle édition actualisée et augmentée par Anne Brenon, Paris, Le Rocher, 1995.
- Nelli (René), *La Philosophie du catharisme. Le dualisme radical au XIIIᵉ siècle,* Paris, Payot, 1975, rééd. Toulouse, Privat, 1988.
- Pales-Gobilliard (Annette), *L'Inquisiteur*

Les principaux châteaux et sites «cathares»

Geoffroy d'Ablis et les cathares du comté de Foix (1308-1309), Paris, CNRS, 1984.
- *Persécution du catharisme (La),* sous la direction de Robert Moore, Actes de la 6ᵉ Session du CEC, collection Heresis, Carcassonne, Centre national d'Etudes cathares, 1996.
- Roquebert (Michel), *L'Epopée cathare,* 4 tomes, Toulouse, Privat, 1971-1989.
- Roquebert (Michel), *Montségur, Les cendres de la liberté,* Toulouse, Privat, 1992.
- Rouquette (Yves), *Cathares!,* Toulouse, Loubatières, 1991, rééd.

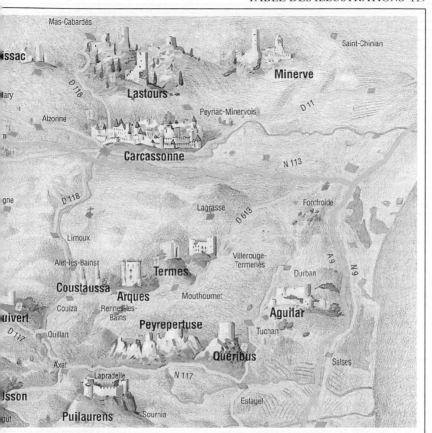

Mas-Cabardés
issac
ary
Saint-Chinian
Lastours
Minerve
Alzonne
n
Peyriac-Minervois
Carcassonne
N 113
gne
Lagrasse
Fontfroide
Limoux
Villerouge-
Alet-les-Bains
Termenès
Durban
Termes
Coustaussa
Arques
Mouthoumet
Couiza
Rennes-les-
Aguilar
uivert
Bains
Peyrepertuse
Tuchan
Quillan
Quéribus
Axat
Salses
Lapradelle
N 117
Isson
Estagel
gut
Puilaurens
Sournia

TABLE DES ILLUSTRATIONS

XIᵉ s. Bibliothèque nationale de France, Paris. Ms Latin 8878, folio 108v°-109.

4-5 Adoration des 24 vieillards. Le Seigneur en majesté est entouré des symboles des évangélistes, miniature du *Commentaire sur l'Apocalypse de saint Jean.* Beatus de Liebana. Abbaye de Saint-Sever, milieu du XIᵉ s. Bibliothèque nationale de France, Paris. Ms. latin 8878, folio 121v°-122.

6-7 La queue du Dragon balaie le tiers des étoiles du ciel et les précipite sur la terre. En arrêt devant la Femme, le Dragon à 7 têtes et à 10 cornes s'apprête à dévorer son enfant dès sa naissance, miniature du *Commentaire sur l'Apocalypse de saint Jean.* Beatus de Liebana, XIᵉ s. Biblioteca Nacionale, Madrid. Ms Vit. 14-2, folio 186v°-187.

9 *Hommes dans un bûcher,* gravure allemande, XIVᵉ s.

CHAPITRE I

10 L'ange sonne la 6ᵉ trompette. Apparition des chevaux crachant le feu et montés de cavaliers vêtus de cuirasse. Le tiers des hommes périt, miniature du *Commentaire sur l'Apocalypse de saint Jean.* Beatus de Liebana. Abbaye de Saint-Sever, milieu du XIᵉ s. Bibliothèque nationale de France,

Paris. Ms latin 8878, folio 148 v°.

11 Monstre avalant un homme, chapiteau historié. Eglise Saint-Pierre, Chauvigny.

12h. Constantin au concile de Nicée, en 325, ordonne de brûler les livres, miniature du *Canon des Conciles.* IXᵉ s. Bibliothèque capitulaire, Vercelli.

12b. *Apparition de saint Ambroise à la bataille de Milan,* peinture du maître de la Pala Sforzesca, musée du Petit-Palais, Avignon.

13 Le pouvoir spirituel et le pouvoir temporel, miniature dans le *Décret de Gratien.* Bibliothèque nationale de France, Paris. Lat. 3893, fol 1.

14 Ecclesiastique écrivant, miniature du *Codex Sophilogium.* Fin XVᵉ s. Archives de Torre de Tombo, Lisbonne.

15 L'Enfer, miniature dans l'*Apocalypse figurée.* Ecole du Nord, XIIIᵉ s. Bibliothèque municipale, Cambrai.

16 Lettre Q ornée. Moines bûcherons, miniature de *Moralia in Job.* Saint Grégoire. Ms. XIIIᵉ s. provenant de l'abbaye de Cîteaux. Bibliothèque municipale, Dijon. Ms 170.

16-17 Scène de vie religieuse, miniature des *Heures dites de la Duchesse de Bourgogne,* vers 1450, musée Condé, Chantilly. Ms 76/1362, folio 5v°.

17d. La majesté de Sainte Foy, statue reliquaire. Trésor de l'abbaye, Xᵉ s. Conques.

18b. Le pape Urbain II consacre le maître-autel de la 3ᵉ église abbatiale de Cluny (1095), miniature d'un *Recueil sur l'abbaye de Cluny,* XIIᵉ s. Bibliothèque nationale de France, Paris. Lat 17716, fol 91.

18h. 19 Sorcières partant au sabbat, miniature dans *Le Champion des Dames.* Martin le Franc, 1451. Bibliothèque nationale de France., Paris. Fr. 12476, fol 105 v°.

20 Le baptême, miniature dans le *Recueil de Traité de Dévotion.* Vers 1371-1378, musée Condé, Chantilly. Ms 137/1687, fol 45.

20-21 Les miracles du Christ et saint Paul baptisant les premiers chrétiens, fresque du Xᵉ s. Tokali Kilise. Gorème. Cappadoce.

22 Ange combattant le Dragon, miniature du *Commentaire sur l'Apocalypse de saint Jean.* Beatus de Liebana, XIᵉ s. Biblioteca nacionale, Madrid. Ms Vit 14-2.

23b. La Cène, chapiteau de l'église de Saint-Nectaire.

23h. *Saint Sébastien et saint Polycarpe détruisent les idoles,* peinture de Pedro Garcia Benabarre. XVᵉ s. Musée du Prado, Madrid. (détail).

24 L'ange combattant

la bête, miniature du *Commentaire de l'Apocalypse de saint Jean.* Beatus de Liebana, Xᵉ s. Bibliothèque de l'Escorial.

25 Querelle des anges et des diables autour de saint Augustin, xylographie de *La Cité de Dieu* de saint Augustin, vers 1486. Bibliothèque municipale, Abbeville.

24-25 La bête. *Apocalypse.* IXᵉ s. Ms provenant de l'abbaye de Saint-Amand. Bibliothèque municipale, Valenciennes. Ms. 99, fol 23.

26b. Grégoire VII, miniature, milieu du XIIᵉ s. Bibliothèque municipale, Douai. Ms. 315, fol 1v°.

27b. Le cavalier fidèle monté sur un cheval blanc part en guerre contre Satan, miniature de *L'Apocalypse de saint Jean* de Lorvao. Archives Torre do Tombo, Lisbonne.

26-27 Troupes françaises attaquant des Sarrasins, miniature. Bibliothèque royale Albert Iᵉʳ, Bruxelles. Ms 8, fol 10.

CHAPITRE II

28 Martyre des premiers chrétiens, miniature d'un manuscrit grec du XIIIᵉ s. Bibliothèque nationale de France, Paris.

29 Nécropole bogomile de Radimje.

Louvre, Paris.
62h. Château de
Puilaurens.
62m. Château de
Lastours. Photo tirée
du livre de
M. Roquebert, *Les
Citadelles du vertige.*
Ed. Privat.
62-63 Château de
Peyrepertuse.
63h. Château de
Puivert. Porche de la
Grande Tour. Photo
tirée de l'ouvrage de
M. Roquebert, *Les
Citadelles du vertige.*
Ed. Privat.
63g. Fenêtre
cruciforme de la
chapelle du château de
Termes. Photo tirée de
l'ouvrage de
M. Roquebert, *Les
Citadelles du vertige.*
Ed. Privat.
64 Christ. Eglise
Saint-Sernin,
Toulouse.
65 La pesée des âmes.
Détail du Jugement
dernier. XIIe s. Portail
de la cathédrale Saint-
Lazare, Autun.
66g. La Pentecôte.
Relief du cloître du
monastère de Santo
Domingo de Silos.
66d.-67 Le Jugement
dernier. Fresque.
Cathédrale d'Albi.
68g. Stèle discoïdale
du Lauragais.
68h., d. Un franciscain
et un dominicain
refusent l'aumône de
deux usuriers juifs,
miniature, *Emblèmes
bibliques.* XIIIe s.
Bibliothèque nationale
de France, Paris. Lat.
11560, fol 138.
69 Le péché originel.
Fresque de l'église
Saint-Jean de Saint-

Plancard, Haute-
Garonne.

CHAPITRE IV

70 *Autodafé présidé
par saint Dominique.*
Peinture de Pedro
Berruguete, musée du
Prado, Madrid.
71 *Histoire de la vie
de saint Dominique.
Le pape rêve que saint
Dominique sauve
l'église catholique.*
peinture anonyme de
Campanie, XIVe s,
musée de
Capodimonte, Naples.
72g. *Le pape
Grégoire IX reçoit la
liste des accusés* par
l'inquisiteur à genoux,
miniature des *Décrets
de Grégoire IX.*
Bibliothèque
Marciana, Venise. Ms
Latin du XIVe. Fol 188.
72b. Sceau d'une bulle
pontificale avec les
têtes de saint Pierre et
saint Paul. Archives
nationales, Paris.
73 Scène de la
croisade contre les
Albigeois, miniature
des *Grandes
Chroniques de saint
Denis,* vers 1400.
Bibliothèque
municipale, Toulouse.
Ms 512, folio 251.
74h. *La dispute de
saint Dominique et le
miracle du Livre,*
prédelle du retable du
*Couronnement de la
Vierge* de Fra
Angelico, musée du
Louvre, Paris.
74-75 *Le pape
Innocent III,* fresque
du XIIIe s. de Magister
Conxolus, monastère
de saint Benoit dit
Sacro Speco, Subiaco.

75h. *Homme
condamné au bûcher,*
gravure de Grasset de
Saint-Sauveur. 1795.
Société de géographie,
Paris.
76h. Supplice des
hérétiques partisans
d'Amaury de Chartres,
brûlés devant Paris, en
présence de Philippe
Auguste, miniature des
*Grandes Chroniques
de France,* vers 1460.
Bibliothèque nationale
de France, Paris. Ms fr.
6465, folio 236.
76-77 *Prise de
Carcassonne,* dessin
mis en gravure par
Blandine et Stéphane
Lalou et tiré de la
*Chanson de la
Croisade des Albigeois.*
Bibliothèque nationale
de France. Ms fr.
25425, folio 15, coll.
part.
78h. La bataille de
Muret, miniature des
*Grandes Chroniques
de France,* vers 1460.
Bibliothèque nationale
de France, Paris. Ms fr.
6465, folio 252 v°.
78b. Portrait de Simon
de Montfort, gravure
XIXe s. Paris, coll. part.
Raimond VII.
79 *Pénitence du comte
de Toulouse,* gravure
d'après J.-M. Moreau.
1782. Bibliothèque
nationale de France,
Paris.
80 *L'Agitateur du
Languedoc,* peinture
de Jean-Paul Laurens,
musée des Augustins,
Toulouse.
80-81b. Prisonniers,
miniature des
*Coutumes de
Toulouse.* 1296.
Bibliothèque nationale

de France, Paris. Ms
latin 9187, folio 33.
82-83 *Prise de Béziers
par les croisés,* gravure
XIXe s. Bibliothèque
des Arts décoratifs,
Paris.
82bg. *Meurtre du
légat de Pierre de
Castelnau,* gravure
tirée de *L'histoire de
France,* vers 1860-1880.
Bibliothèque nationale
de France, Paris.
83b.g. *Episode de la
guerre des Albigeois,*
gravure d'après le
tableau de A Maignan.
Bibliothèque nationale
de France, Paris.
83d. Pierre tombale
de Simon de Montfort.
Eglise Saint-Nazaire,
Carcassonne.
84 Château de
Monségur. Ariège.
85 Pierre dite du
siège, XIIIe s. Eglise
Saint-Nazaire,
Carcassonne.
86h. Ornement de
coffret cruciforme.
Dépôt des fouilles de
Monségur.
86-87 *L'église
militante,* fresque de
Andrea Bonainti.
Chapelle des
Espagnols. Eglise
Santa Maria Novella,
Florence.
88 Hérétique livré aux
flammes, vers 1254.
Croquis à la plume en
marge d'un procès
verbal
d'interrogatoire.
Registre de Alfaro de
France, conseiller de
Simon de Montfort.
Archives nationales,
Paris.

CHAPITRE V

88 *Les emmurés de*

INDEX

CRÉDITS PHOTOGRAPHIQUES

Archives Gallimard : 9, 30,108-109. Artephot : 31b, 36. Artephot/Babey : 38. Artephot/Oronoz : 26-27, 86-87 Bibliothèque nationale de France, Paris : 2-3, 4-5, 10, 18b, 18,19, 34, 36b-37b, 48, 50h, 51h, 56-57, 68hd, 76h, 78h, 80b-81b, 89. Bulloz : 22, 88, 90-91. Charles Camberoque : 62-63, Jean Loup Charmet : 78b, 82-83, 82bg, 83bg, 97, 114. G. Dagli Orti : 11, 12h, 4 16, 17d, 20-21, 23h, 24, 25 24-25, 27b, 31h, 32h, 32-33, 46h, 50-51b, 53, 65, 66g, 70, 71, 72g, 74-75, 75h, 85, 90, 92. Jean Dieuzaide : 39, 54h, 55b, 57h, 64, 66d, 67, 68g, 83d, 88. Edimedia : 33h, 106. Explorer/Fiore : 28. Explorer/P. Thomas : 93,94-95. Jean-Louis Gasc : 40-41, 76-77, 84, 91, 110-111, 116, 126. Giraudon : 12b, 13, 15, 16-17, 20, 26b, 35, 37h, 45, 46-47, 49h, 52, 58, 59, 60, 72h, 80, 101. Guy Jungblut : 43-44, 69. J.-C. Pertuizé / © Pyrénées Magazine : 118-119. Rapho/Ch. Sappa : 29. Rapho/G Sioën : 44, 46b, 49b, 57m, 62h, 86h. Réunion des Musées nationaux : 61, 74h, Roger Viollet : 79, 123, 125. Christian Soula : 62m, 63h, 63g, 96. Henri Stierlin : 1, 6-7, 22. Trinity College, Dublin : 98. Jean Vigne : 54b, 73, 104.

REMERCIEMENTS

L'auteur remercie Paule, Claire et Isabelle. L'éditeur remercie Nicolas Gouzy et le Centre national d'Études cathares René-Nelli, Carcassonne.

ÉDITION ET FABRICATION

DÉCOUVERTES GALLIMARD
DIRECTION Pierre Marchand et Elisabeth de Farcy.
DIRECTION DE LA RÉDACTION Paule du Bouchet.
GRAPHISME Alain Gouessant. FABRICATION Claude Cinquin. PROMOTION & PRESSE Valérie Tolstoï.
CATHARES
EDITION Isabelle de Coulibœuf ICONOGRAPHIE Claire Balladur MAQUETTE Karine Benoit (Corpus), Dominique Guillaumin (Témoignages et Documents) LECTURE-CORRECTION François Boisivon. PHOTOGRAVURE W Digamma (Corpus), Arc en Ciel (Témoignages et Documents).

Table des matières